组织的力量

增长的隐性曲线

张丽俊 著

THE
POWER
OF
ORGANIZATION

THE INVISIBLE CURVE OF GROWTH

机械工业出版社
China Machine Press

图书在版编目（CIP）数据

组织的力量：增长的隐性曲线 / 张丽俊著 . -- 北京：机械工业出版社，2022.1（2024.4重印）

ISBN 978-7-111-69587-5

I. ①组⋯　II. ①张⋯　III. ①企业管理 – 组织管理　IV. ① F272.9

中国版本图书馆 CIP 数据核字（2021）第 226634 号

组织的力量：增长的隐性曲线

出版发行：机械工业出版社（北京市西城区百万庄大街 22 号　邮政编码：100037）
责任编辑：华　蕾　王　芹
责任校对：马荣敏
印　　刷：北京联兴盛业印刷股份有限公司
版　　次：2024 年 4 月第 1 版第 14 次印刷
开　　本：147mm×210mm　1/32
印　　张：9.625
书　　号：ISBN 978-7-111-69587-5
定　　价：69.00 元

客服电话：（010）88361066　68326294

版权所有 · 侵权必究
封底无防伪标均为盗版

本书谨献给我的导师，
以及给予过我帮助和支持的企业家客户。

特别要感谢我身后最坚实的靠山——我的团队，
这就是组织的力量！

| 赞　誉 |

- **菲利普·科特勒　"现代营销学之父"、美国西北大学凯洛格商学院终身教授**

企业如何在当今快速变化的世界中取得成功？张丽俊在她的新书中给出的答案是，这取决于组织的力量。优秀的组织能力能为企业带来高效率、良好的发展势头、充沛的动力和能量。这与我一直强调的企业要打造有目的、有意义的品牌的观点可谓异曲同工。我特别向所有的企业家和管理者推荐《组织的力量》，它能指导企业走向成功。

- **冷友斌　飞鹤乳业董事长**

中国飞鹤（HK6186），荣获"中国婴幼儿奶粉 No.1"，致力于打造"更适合中国宝宝体质"的奶粉

飞鹤的精神是永进无潮、行胜于言。作为企业家，我经常思考的是，如何让企业跨越商业的浪潮持续良性增长，如何让企业有能力参与世界级竞争，并不断看到生机和未来。组织创新是我一直探索的方向，每次与张丽俊女士交流，我都能收获很多新的思考和启

发。现在，她把这些宝贵的实践经验和对管理体系的思考写进了这本书里，它值得每一位踏实做实业的企业家和管理者反复研读。

● 彭永东　贝壳找房董事长

贝壳（BEKE），中国规模最大的房地产经纪公司之一，"科技驱动的新居住服务商"

组织是一个生命体，在其自身成长迭代的过程中，一方面对外创造价值，同时从外部获得能量；另一方面在内部进行有序建构，同时进行无序解构。这些内外变化的核心目标只有一个：生生不息。推荐张丽俊的这本《组织的力量》，相信你能从中获得有益的启发。

● 刘德　小米集团合伙人、组织部部长

小米集团（HK1810），世界500强企业

组织能力是企业的生命力，战略牵引业务，业务牵引组织，组织牵引人才。推荐张丽俊的《组织的力量》，它可以帮助你理解组织如何促进企业生生不息地发展。

● 高毅　益丰大药房董事长

益丰大药房，中国第一家在沪市主板上市的连锁药房，2021年BrandZ最具价值中国品牌100强之一

益丰大药房一直秉承让国人身心更加健康的使命，致力于成为值得信赖和托付的首选药房，让员工和组织成为利益共同体和

精神共同体。我们努力通过组织创新实现战略创新，从 0 到 1；通过正向生长的组织能力复制，保证战略实施从 1 到 100，实现战略创新的高效复制。在这个过程中，张丽俊老师的理念和方法论对我们帮助很大，所以我真诚推荐《组织的力量》，相信你对组织力的一切思考，都能在这本书中得到启发。

- **刘润　润米咨询董事长、微软前战略合作总监、互联网转型专家**

这个世界上，没有完美的管理理论，只有适应当下的外部环境和内部能力的方法。创业期、成熟期、衰退期，每个阶段都不一样，创业者最容易犯的错误是"跨期学习"，结果把自己折腾死。建议你读张丽俊的这本《组织的力量》，它可以帮助你理解不同阶段的组织形态，以及相匹配的组织可能会给你带来的力量。

- **陈先保　洽洽食品董事长**

洽洽食品，中国坚果炒货行业领军企业，产品远销 40 多个国家和地区

在洽洽食品 20 多年的发展过程中，"品质 + 品牌"一直是我们的核心竞争力。我们建立开放的组织，打开赛道，在很大程度上激发了组织和团队的活力，为推动业务持续创新、持续增长奠定了坚实的基础。张丽俊的《组织的力量》这本书，有成熟的理论体系、可落地的组织发展策略以及丰富的实战案例，无论是对

初创期企业还是成熟期企业,都能为之带来新的视角和启发。

- **郭谨一　瑞幸咖啡董事长兼 CEO**

瑞幸,"创造世界级咖啡品牌,让瑞幸成为人们日常生活的一部分"

瑞幸创立至今,曾经历无数至暗时刻,又一次次绝处逢生,靠的是一支"能打仗,打胜仗"的队伍,而排兵布阵,靠的就是"组织的力量"。如何凝聚共识稳定军心,如何协同合作攻城略地,如何让个人既发挥所长又相互助益,从张丽俊老师的新书《组织的力量》中都能得到启迪,相信各位朋友都能和我一样从中受益。

- **张继学　新潮传媒集团 CEO**

新潮传媒,致力于打造"中产社区第一媒体流量平台","广告投新潮,全家都看到"

一个企业是否优秀,通常是由产品力、渠道力、品牌力决定的,只要产品能得到消费者认可,渠道建设能领先,品牌和流量能协同发展,企业大都能成功。但一个企业要想长期持续成功,还必须加上组织力。华为、阿里巴巴、美团、京东、美的等,这些持续优秀的企业最关键的核心竞争力就是组织力。张丽俊是我见过的中国少有的能将组织力讲得通透的管理顾问。新潮传媒创业 8 年,得到了她很多的帮助,每次和她交流,我都受益匪浅。本书不仅值得读,而且值得用。

- **樊登　帆书（原樊登读书）创始人**

企业经营和管理，需要经历很多个发展阶段，如何才能做到业务持续倍增、良将如潮呢？如何在组织中建立一体化的营运系统，让企业始终走在良性发展的路上呢？我在《组织的力量》这本书中，看到了适合中国企业发展的一套实战组合策略，推荐实战家们去读这本书。

- **余建军　喜马拉雅 CEO**

喜马拉雅，2021年中国新经济独角兽企业，"每一天的精神食粮"

做企业，短期看产品，长期看组织。推荐你阅读张丽俊的《组织的力量》，它可以帮助你理解企业长期可持续发展之道。

- **冯大刚　36氪联席董事长、CEO**

36氪（KRKR），新经济服务领域"独角兽"，"让一部分人先看到未来"

再好的战略都需要组织来实现，打造健康、美好的组织应该是所有企业家的长期使命之一。推荐张丽俊的《组织的力量》，它可以帮助你更好地理解组织，建设组织。

- **姚良　国泰君安投行事业部执行委员会委员，荣获"2021中国证券业投资银行家君鼎奖"，中国银行业协会核心专家**

国泰君安（601211），"受人尊敬、全面领先、具有国际竞争力的现代投资银行"

作为金融战线服务企业的"老兵",我见证了众多企业的起伏。"向内求认知,向外求生长"是企业保持生命力的基石。在当下充满不确定性的时代背景下,组织的内生动力对于企业的持续发展尤为重要。很高兴看到丽俊的《组织的力量》面世,希望正在经营或未来想要经营企业的人们能够从中有所收获,也期待我国的资本市场能够涌现出更多基业长青的企业。

- **鲍洪星　双胞胎集团董事长**

双胞胎集团,中国民营企业 500 强,"让每位家人吃上放心猪肉"

双胞胎集团,从 0 做到产值 866 亿元,从饲料生产发展到养殖产业链,依靠的是团队的力量、组织的力量。方向大致正确,组织充满活力,企业才能成功。推荐张丽俊的《组织的力量》,它可以帮助你更好地理解企业基业长青之道。

- **李东来　顾家家居 CEO**

顾家家居(603816),全球最大的软体家居运营商之一,"向往的生活在顾家"

身处一个不确定的时代,唯一能确定的是组织能力建设,我们要用组织能力建设的确定性应对环境的不确定性。家居行业由于价值链长、品类复杂、业务多元,更突显了组织能力的价值。顾家家居一直把组织能力当作核心能力来打造。什么是组织能力,这是一个既经典又常新的话题。张丽俊老师以她多年的企业实践和咨询心法给我们展示了一个新的认知视角。我向所有对组织感兴趣的或正在摸索的企业同仁强烈推荐张丽俊的《组织的力量》，相信大家读后一定会有所收获。

- **卫哲　嘉御资本董事长**

组织力的重要性远胜战略力，阿里巴巴老同事丽俊以创业酵母为平台，帮助众多创业企业提升组织力。《组织的力量》一书基于实战，相信能够造福更多无缘参加创业酵母课程的创业者。

- **梁棣　眉州东坡 CEO**

眉州东坡，中华餐饮名店，第 29 届奥运会组委会奥运村（残奥村）运行团队餐饮服务商，"为全世界人民做好饭"

第一次听张丽俊老师的组织创新的演讲就被她那快语击中心灵。企业管理的核心就是一个人带领一群人发展。如何激发出每个人的能力？如何在组织运行中实现自我价值？如何在成全公司发展的同时，完成自我迭代升级？在信息万千的时代，我们需要静下心来，慢慢读这本《组织的力量》，它会让我们波澜起伏、思绪万千，也许平日的困惑，能在这本书中找到答案。

- **束从轩　老乡鸡董事长**

老乡鸡，2019 ~ 2020 年连续两年位居"中国快餐 50 强"中式快餐榜首

企业规模小的时候靠产品，做大、做强、做久必须靠组织，

老乡鸡这两年在上海、北京、深圳等近10座城市迅速发展,靠的就是强大的组织。推荐阅读张丽俊的《组织的力量》一书,相信你会受益匪浅!

- **王云安　古茗茶饮创始人**

古茗,茶饮下沉市场知名品牌

在古茗从创业初期靠着一支草根团队一路拼搏走到规模化的过程中,组织的力量是基础条件,业务持续突破的前提是组织的不断迭代和发展。读完张丽俊的《组织的力量》,当我再回顾自己企业的发展过程时,更加深刻地理解了组织建设的一些关键决策。推荐你读这本书,更好地理解组织发展如何匹配业务和战略的发展,相信本书一定会对实战中的你有帮助。

- **魏肜蓉　鱼你在一起创始人**

鱼你在一起,酸菜鱼快餐拓展品牌,"1份酸菜鱼,能干3碗饭"

企业做得越大,就越需要在组织上不断调整,找到适合当下的组织架构和体系。

这几年我和公司高管不断跟着创业酵母学习,在丽俊老师的影响下,公司做出的一些安排,不管是总部职能架构调整、分公司下沉还是文化渗透,都产生了很好的效果。

我推荐大家读一读丽俊老师的这本《组织的力量》,根据自己企业的不同发展阶段"对号入座",找到企业现阶段的问题和解决方法。

- **林小仙　小仙炖鲜炖燕窝创始人**

小仙炖鲜炖燕窝,2017～2020年连续四年鲜炖燕窝全国销量领先

从"让更多人吃上一碗好燕窝,变得更加健康和美丽"的创业初心,到"让滋补更简单,传承中国千年滋补文化"的使命,我带领团队一直努力创新,推动中式滋补的现代化突破。通过跟张丽俊老师学习,我们认识到组织是企业基业长青的保障,找到了提升组织力的思路和方法。推荐《组织的力量》这本书,希望更多的创业者和企业家能认识到组织的重要性。

- **祝新微　丽兹行CEO**

丽兹行,高端不动产服务品牌,致力于成为最值得信赖的豪宅交易、管理服务专家

组织是企业的DNA,决定了企业的战略力、执行力,是企业业务发展、创造价值的原动力。在当今这个不确定的时代,商业环境瞬息万变,唯有组织力是企业基业长青的可靠保障。推荐张丽俊的《组织的力量》,这本书清晰地解构了组织与业务、组织与个体的关系,给出了有效的组织力打造策略和方法,相信读者都能从中获得有益的启发与思考。

- **胡炜　若缺科技董事长**

若缺科技，"做中国老百姓最信赖的美好生活一站式服务商"

管理是科学，也是艺术，更是实践性的技能。纸上谈兵会谬以千里，"面多了加水，水多了加面"又难免会出现战略性的缺失。《组织的力量》的价值在于四点：一是前沿，二是系统，三是实操，四是进化。换句话说，这本书的内容真的对企业有用！

- **包牟龙　宜买车创始人**

宜买车：数字经济领域未来"独角兽"，"今日宜买车，买车我负责"

在一个社会价值大于商业价值的赛道，高效的组织是企业生存和脱颖而出的关键。创业酵母根据业务流，一竿子捅到底的核心策略让我受益匪浅。强烈推荐张丽俊老师的《组织的力量》，相信大家能感受到，真正对组织有本质理解的观点和方法有多接地气。

- **龚托　邦邦汽服 CEO**

邦邦汽服，人保金服旗下保险事故件供应链的"独角兽"，客户最信赖的车生活服务平台之一

秉承"让车生活更美好"的使命，邦邦汽服在新时代应运而生。如何跨越艰难的从 0 到 1 和从 1 到 N，如何打造强大的"邦邦铁军"队伍，业务管理上如何定目标、追过程、拿结果，团队管理上如何搭班子、带队伍、树文化，最关键的就是组织力。邦

邦汽服 5 年筚路蓝缕，成为行业领军力量，得益于创业酵母的陪伴和张丽俊老师的悉心指导。《组织的力量》凝聚了她多年的实践心血，相信定能为企业家和创业者实现心中宏愿注入强大、持久的动力。

- **李志超　中迅农科董事长**

中迅农科，中国农药制剂行业领先企业，"科技领创，行业领跑，全球领先"

中迅的精神是不断超越。我们在近 20 年的发展中，深刻领悟到战略的落地和机会的抓取都离不开组织能力，组织能力是企业最重要的核心竞争力之一。在与张丽俊的多次交流中，我发现她不仅对中国企业有深刻的理解，还善于抓住问题的本质。她对近千家企业拜访调研的广度和深度，让我敬佩！张丽俊的这本《组织的力量》具有深厚的理论功底和丰富的实践背景，让我们眼前一亮，耳目一新。相信这本书对广大的管理者会大有益处！

- **夏顺华　海豚传媒董事长**

海豚传媒，国内知名的少儿图书策划、制作和发行企业，致力于"给孩子带来健康、快乐和知识"

海豚传媒以"爱"为核心价值观，它的诞生与发展都是源于对中国儿童成长的爱与关怀，而在这份关爱背后，其实需要与时俱进的组织能力。我们深刻地相信，一个人的力量是有限的，而一个良知清澈、志向高远、同心同德、持续创新的组织的力量是无穷的，只有这样的组织才能保障海豚传媒儿童教育产业愿景的实现。感谢张丽俊老师持续推动中国企业的组织创新。推荐《组织的力量》给每一位企业家和管理者，祝福更多的中国企业成长起来，助力我们伟大的祖国繁荣昌盛。

| 序 言 |

大时代下的个人使命

我出生在浙江省金华市浦江县，一个一脚油门就能到农村的山清水秀的小县城，从小就知道五谷和四季，有一个快乐的童年。小时候，身边的大人们经常会问我以后想成为一个什么样的人，当时我的内心里只有一个模糊的概念——想拥有一个与众不同的人生。

真正对人生使命开始有清晰的认知是在2002年。那一年，由于机缘巧合，我离开高校教师的岗位后进入了阿里巴巴。我在阿里巴巴的第一份工作是电话销售，当时我的导师是关明生（Savio），阿里巴巴业务总裁兼首席人力资源官，阿里巴巴文化的缔造者之一。Savio不仅是我管理路上的启蒙老师，更是我的人生导师。初入职场就能有他这样的导师教我做人做事，人生最大的幸运莫过于此！Savio总是乐于激励高绩效员工，有一次他在杭州当时最著名的五星级酒店香格里拉请Top

Sales（销售精英）吃饭，和我们探讨了个人的人生使命——我们到底为什么奋斗？在那次谈话中，我第一次收获了清晰的个人使命，扣动了自己的心灵扳机——奋斗对我的意义在于获得更多的人生自由。这个清晰的个人使命陪伴我走过了人生的黄金十年——从 25 岁到 35 岁，我把自己最美好的青春年华奉献给了阿里巴巴。

这十年，我经历了阿里巴巴从两百名员工到几万名员工的发展过程，自己也从业务前线转岗到集团人力资源部，先后参与集团湖畔学院、组织部和企业文化部的工作，开始系统地研究组织发展，同时参与集团的一系列组织建设项目，其间见证了中国第一代互联网企业的成长，也见证了新时代浪潮中各种创新组织形态的变迁。曾鸣教授曾经说过，有价值的研究一方面需要深入实践，以问题驱动；另一方面必须足够有前瞻性和体系化。幸运的是，当时的阿里巴巴这两方面都具备，既有行业前瞻的最佳实践经验，也有成体系的理论方法，给了我系统思考的土壤。我的很多关于组织的理念就是在此时建立起来的。在商业创新爆炸的中心工作和思考，每天都要面对被迫打破思维定式，被迫创新，这是我最珍贵的一段时光。

薪火相传的传承者

2012年离开阿里巴巴后，我担任过多家企业的组织发展顾问，其间一直在思考自己的职业终点在哪里，要以什么样的姿态退休，要给大家留下些什么。一次偶然的机会，一位知名出版人对我说："Cherry，我听完你的分享很感动，我在你身上看到了一种传教士的精神，你注定是一个传承者，你要把你的这些宝贵的文化精神和管理经验传承给更多人。"她的一席话如同一盏明灯点亮了我——做一个传承者，陪伴和成就他人，开始成为我无比笃定的个人使命。至此，我个人的使命已经完成了从模糊到清晰再到笃定的过程。职场几十年，最大的幸福莫过于跟志同道合的人一起，做自己热爱的事情。我认为这就是我的职业高点，每天我的内心都福流满满。

所以，在2014年我和阿里巴巴"中供铁军"原主帅俞朝翎共同创办了创业酵母——一家以陪伴和成就未来商业新领袖为使命的企业服务公司。迄今为止，我们已经服务和陪伴了5000多家各个行业细分赛道的领先企业，其中有253家上市企业、16家独角兽企业。在给处于不同行业领域、不同发展阶段的企业提供服务的过程中，我积累了一些共性的企业经营和管理实践经验，对组织的研究也进行了多次迭代，同时也发现了两个现象。

第一，很多企业只重视业务，组织能力极其薄弱。以前只要有一个不错的生意模式，企业就能过得很好，人力资源根本得不到重视，地位很低。但现在大多数企业面临存量市场的恶性竞争，日子过得越来越艰难，组织能力薄弱的企业在残酷的竞争面前显得不堪一击，在这个不确定的时代尤其如此。这让我再次意识到组织能力的强大力量。

第二，大多数照搬照抄大公司管理方式的企业都会失败。企业所处阶段不同，内外部环境也不同，企业的管理方式虽有共性，但更多的是差异性，企业采用简单"抄作业"的方式显然解决不了根本问题，唯一的出路在于借鉴成功企业的经验，搭建自己的组织系统。

于是，我就有了写作本书的想法，想在前人经验的基础上，结合我在实践过程中的一些研究，围绕业务增长和组织创新，为中国的企业搭建组织体系找到系统可行的方法和路径，帮助它们少走弯路。

2018年，我把多年的研究做成了一门系统的课程——"组织创新大课"，第一期有200多位企业家参与了学习。在这期课上，我第一次系统地提出了"企业增长的隐性曲线"的概念，发布了一套企业营运的系统地图——"酵母天地图"，以及围绕"酵母天地图"的一系列落地工具和方法。这套体系凝聚了很多优秀企业的宝贵经验，以及我在企业咨询过程中的无数实践心得。

到写下这篇序言时，"组织创新大课"已经开到第 12 期，累计有数千名企业家参与了学习，课程的理论框架经过反复打磨和完善逐渐成熟，而随着我们服务的企业越来越多，来自各行各业的案例也越来越丰富。但最让我开心的是，参加过"组织创新大课"学习的企业家越来越重视组织的发展，开始在自己的企业落地实践组织创新，并且陆续取得了成果。

今年，我去拜访一位企业家，他曾经参加过我的"组织创新大课"。在他的办公室里，墙上没有字画，挂的是一张巨幅的"酵母天地图"。他对我说："我把酵母天地图当作管理公司的作战地图，一个模块一个模块地落地。每天我都会看，对照着思考今天我做了哪些，明天还有哪些需要做，后天我要向哪里去。"

正是这些企业家务实、精进的精神，让我从 2012 年开始坚持 9 年持续打磨这套体系。

为什么要以陪伴企业家为己任

企业家是推动社会进步和经济发展的重要力量，有巨大的社会价值。他们是一群对世界充满了好奇心，愿意去改变世界，勇立潮头的人，同时也是一群很不易的人，他们每天都在面对足够新、足够复杂的问题。

改革开放 40 多年来，平均每 10 年就会出现一次商业大变革，每一位企业家，对外要面临随时被时代抛弃的压力，对内还要制定企业的战略发展方向，建立企业的人才工厂，制定各种管理体系和管理机制。

不仅如此，在任何时候，他们都需要成为公司里所有人的精神领袖、企业的定海神针。创业之路只是少数勇敢者的舞台，他们注定是孤独的。在这条路上，成为这些企业的同行者，陪伴他们经营好企业，让企业活得久一点，活得好一点，是我创办创业酵母的初衷，也是我写作这本书的初衷。

为什么要以成就企业家为己任

首先，中国绝大部分的民营企业家都是草根创业者，在创业之初，没人教过他们如何系统地经营一家企业，如何定战略，如何管业务，如何建组织，他们经常会走弯路。

其次，基于这么多年的企业服务经验，我们发现带领企业打天下是有成功路径的,"太阳底下没有什么新鲜事",在企业不同的发展阶段,无论是从 0 到 1,还是快速发展期,或是变革期和鼎盛期,企业经营的三支柱——业务、人力、财务都有共性规律可循。只要掌握了企业不同生命周期的经营之道,我们就可以通关,走出目前遇到的困境,走向企业发展的下一个阶段。

为了更好地服务和陪伴这一群如此可爱、勇立潮头又如此有社会责任感的人,我在给大家提供服务的近 9 年时间里,一直都在构思这本书。在这 9 年中,随着服务企业数量的增加,行业丰富度的增加,不同生命周期企业研究样本的增加,以及对这群人的研究和认知的增加,我的体系化思维也一直在迭代。本书先把企业如何打天下的顶层架构、经营之道、方法论描绘清晰,接下来会持续提炼、总结实用的管理工具和典型的管理案例,给大家经营企业提供参考。

关于本书

本书共分为 6 章。

第 1 章主要探讨企业增长的问题。企业增长是企业发展永恒的话题,为什么企业不能永续增长?限制增长的因素到底是什么?我从两个维度展开研究:①外部因素,剖析商业发展的昨天、今天和明天，对商业和科技的未来发展趋势进行预判；②内部因素，剖析业务的增长路径和增长类型，以及组织在增长中的价值。为了便于理解，书中穿插了大量的企业案例。

第 2 章定义并详细诠释了"企业增长的隐性曲线"，深入剖析了两个经典案例，帮助大家穿透业务的表象抓住深层次的组织发展轨迹。

第 3 章重点总结了不同发展阶段的组织共性，把企业按照生命周期的不同阶段进行划分，深度剖析了处于不同发展阶段的企业在业务和组织上的共同点与差异点。大家可以先对自己企业所处阶段进行判断，然后"对号入座"，找到自己企业现阶段的问题和解决方法。

第 4 章介绍了组织建设中常见的误区，列举了很多失败案例并总结了其中的教训，我希望大家在建设自己的组织时，尽量规避这些误区。

第 5 章重点阐述了企业营运系统，为大家描绘了一幅企业打天下的顶层架构设计图——"酵母天地图"，这里要关注的是"酵母天地图"不是很多模块的简单组合，而是一套有机连接的系统，我们不仅要学习每个模块的方法，更要关注系统整体的逻辑和运行规律。

第 6 章重点关注的是个人的发展，因为组织是由许多个体构成的，组织的发展离不开个人的发展。

管理的问题需要落到具体的企业、具体的管理场景中去体验和解决。所以，非常欢迎大家在我个人的微信公众号、抖音号、视频号或者创业酵母的 App 上给我提建议，交流管理案例，让我们共同打造一个研究企业管理的学习型组织。

永存热爱，未来可期

企业打天下，不仅仅是为赚钱，我们需要有更崇高的使命、愿景和价值观，才能永立潮头！

新时代的精彩刚刚开始，祝福所有企业家、创业者和管理者，在经营企业的路上，无论今天身在哪里，内心永远有诗歌和远方。

愿有多大，路有多长！

张丽俊
2021 年 10 月

| 目 录 |

赞誉

序言

第 1 章　基业长青的秘密　　　　　　　　　　　　001
　　为什么基业难以长青:商业发展的非连续性　　　005
　　基业如何长青:寻找企业发展的第二曲线　　　　020
　　增长的路径:"剩者为王"　　　　　　　　　　　032
　　组织的价值:"慢就是快"　　　　　　　　　　　052

第 2 章　隐性曲线:可复制的组织能力　　　　　　064
　　什么是隐性曲线　　　　　　　　　　　　　　　066
　　阿里巴巴飞跃:"天晴时修屋顶"　　　　　　　　070
　　微软复兴:"开着飞机换引擎"　　　　　　　　　090

第 3 章　组织创新:穿越企业生命周期的隐性曲线　108
　　初创期:活下去才是硬道理　　　　　　　　　　113

快速成长期：在混乱中建体系		126
成熟期：在痛苦中变革		139
鼎盛期：跨界与共生		154

第4章　四大断裂：组织创新的窘境　　166

个人梦想与组织使命的断裂　　170

事与人的断裂　　172

局部与整体的断裂　　176

现在与未来的断裂　　179

小测试：四大断裂的场景化案例诊断　　184

第5章　酵母天地图：企业打天下的营运系统　　196

企业文化系统　　201

业务营运系统　　206

组织保障系统　　217

天地图的三层逻辑　　231

第6章　愿有多大，路有多长　　238

领袖与管理者　　241

个人职业发展　　269

第1章
基业长青的秘密

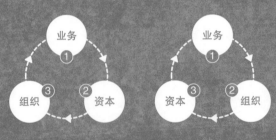

慢就是快,快就是慢!

为什么基业难以长青：商业发展的非连续性

基业如何长青：寻找企业发展的第二曲线

什么是第二曲线

什么时候打造第二曲线

如何打造第二曲线

增长的路径："剩者为王"

为什么追求增长

什么是好的增长

如何实现高效增长

组织的价值："慢就是快"

亚马逊的增长飞轮

组织创新保障战略落地

> **开篇思考**
>
> 为什么基业难以长青?自吉姆·柯林斯(Jim Collins)和杰里·波勒斯(Jerry Porras)合著的《基业长青》面世以来,关于企业基业长青的争论就没有停止过。每一次商业浪潮来临时都有大量的企业死亡,据统计,中国中小企业的平均寿命只有 2.5 年。为什么只有极少数企业能穿越多个经济周期,跨越商业的非连续性发展呢?

早在 1994 年,美国管理学家吉姆·柯林斯和杰里·波勒斯在他们的著作《基业长青》中,就第一次提出了这个备受关注的命题:如何建立一个伟大并长盛不衰的公司?

柯林斯和波勒斯在斯坦福大学为期 6 年的研究项目中,选取了 18 家卓越的公司做了深入的研究,这些公司包括通用电气、3M、默克、沃尔玛、惠普、迪士尼等,它们平均拥有近百年的历史。但在随后的几十年中,这 18 家行业顶尖的公司都出现了不同程度的衰落。

基业长青,是企业永恒的追求,但总是求而不得。所有的经营者都希望自己的公司可以永续发展,但现实却是中国的中小企业平均寿命只有 2.5 年,每年有约 100 万家中小企业倒闭!

2019年,中国人民银行(央行)和中国银行保险监督管理委员会(银保监会)共同发布的《中国小微企业金融服务报告(2018)》显示,国内中小企业的发展周期基本在3年左右,创办3年之后依然可以维持正常经营的企业只占总数的1/3。

据美国《财富》杂志报道,中国的中小企业平均寿命仅2.5年,集团企业平均寿命也不过7~8年。真正活过10年的企业是极少数的。即便是在上一波商业浪潮中获得巨大商业成功的国内外知名企业,因为没能抓住下一波浪潮中的机会而衰落甚至倒闭的,也随处可见。比如:

2007年,《福布斯》杂志的封面上写着"诺基亚迎来第十亿名用户,还有谁能追得上这家手机帝国",而现在的诺基亚手机业务早已不复往日的辉煌。

中华人民共和国成立前诞生的沈阳第一机床厂[⊖],它见证了新中国的成长,曾经凭借2011年27.83亿美元的机床销售收入规模打败德国和日本的多家工厂,成功问鼎"世界第一",但在2020年也因为经营不善,陷入了财务危机,能否东山再起还是一个未知数。

⊖ 1993年,沈阳第一机床厂与中捷友谊厂、沈阳第三机床厂和辽宁精密仪器厂共同发起成立了沈阳机床股份有限公司。

2020年，受新冠疫情的冲击，维多利亚的秘密（Victoria's Secret）英国公司关闭了英国的25家门店，宣布破产清算。

2020年5月，全球知名租车公司"百年老店"赫兹（Hertz）迫于经营压力，申请破产保护。

2020年6月，全球最大的保健品零售商健安喜（GNC）向法院提交了破产保护申请。

2020年7月，日本零售巨头无印良品（MUJI）的母公司良品计划宣布，其美国子公司已申请破产保护。

2020年8月，世界最大的海上钻井平台承包商瓦拉里斯公司（Valaris Plc）申请破产。

2021年1月29日，海航集团因不能清偿到期债务，被迫宣布将破产重整。

……

纵观整个世界，一个企业的非连续性发展是常态还是非常态？答案显而易见，哪怕是曾经站在行业顶峰的巨头，大部分也难逃衰败的宿命，只有极少数企业可以跨越商业浪潮的非连续性，基业得以长青！

要揭开基业长青的秘密，让我们先来了解一下企业的发展为什么是非连续的，背后的本质是什么。

为什么基业难以长青：商业发展的非连续性

"理解和判断我们到底在什么样的时代，面临什么样的机会和挑战，是战略决策的第一步"⊖，更是组织创新的第一步。

全球产业发展的非连续性

在1997～2017年的20年里，全球产业发展的风向标一直在不断变化。1997～2007年，全球的主流产业是能源、银行和制造业；而到了2017年，传统能源垄断企业辉煌不再，民营企业开始如日中天，其中科技企业的表现尤为抢眼（见表1-1）。每一个10年，产业发展的风口与上一个10年相比都有巨大的变化，换句话说，产业的发展具有明显的非连续性。

在这20年的商业发展过程中，能够始终保持在市值榜单前10名的只有两家公司，一家是埃克森美孚，另一家是微软。埃克森美孚作为一家能源企业，本身的发展就具备一定的特殊性，从这个角度来说，微软是更好的学习样本。而且，在过去的20年里，微软市值超过5000亿美元，并且在三任不同CEO（首席执行官）的带领下，成功实现了变革。

⊖ 曾鸣. 智能商业 [M]. 北京：中信出版集团，2018.

表 1-1　1997 年、2007 年、2017 年全球市值排名前 10 企业

1997 年	2007 年	2017 年
通用电气	埃克森美孚	苹果
荷兰皇家壳牌	通用电气	Alphabet
微软	中国移动	微软
埃克森美孚	中国工商银行	亚马逊
可口可乐	微软	伯克希尔 – 哈撒韦
英特尔	荷兰皇家壳牌	阿里巴巴
日本电信电话	俄罗斯天然气公司	腾讯
默克	美国电话电报公司	脸书
丰田	花旗集团	埃克森美孚
诺华	美国银行	强生

资料来源：曾鸣. 智能商业 [M]. 北京：中信出版集团，2018.

除了埃克森美孚和微软以外，榜单上的其他企业，一直都在发生变化。"花无百日红"，当年很多盛极一时的企业，在最近这 10 年之中，却逐渐衰落。由此可见，在全球范围内，产业的发展呈非连续性倾向。

中国改革开放 40 多年经济发展的非连续性

曾鸣在《智能商业》一书中，将今天中国企业所处的商业时代称为三浪叠加的时代。线下交易、在线化、智能化三波浪潮同时存在（见图 1-1），身处每一浪的企业都感受到了巨大的市场挑战和不同的经营压力。

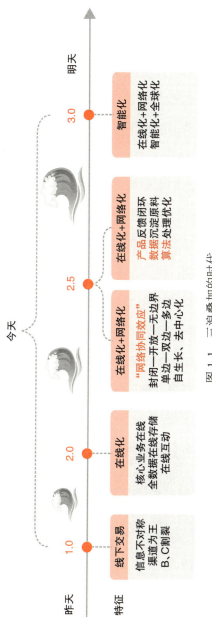

图 1-1 三浪叠加的时代

1. 第一波浪潮:线下交易

大家还记得我们小时候在哪里买衣服、买菜、买家电吗？都是在线下。这就是改革开放 40 多年中国商业的第一波浪潮，叫作线下交易。那时候典型的商业特征有以下三个。

第一个特征是信息不对称。在改革开放初期，国内的商品经济刚刚起步，人们主要的消费渠道就是实体门店，整个交易过程是比较封闭的，通过层层的经销商来完成交易闭环，信息不透明，大家都是利用信息不对称来做生意，中国涌现了大量的外贸和内贸公司。

第二个特征是渠道为王。从茅台到五粮液到洽洽食品（以下简称洽洽），都是依赖于经销商体系构建全国的营销体系，渠道非常强势。假如一家广东的家电企业，它的产品能够入驻国美电器，那么这既是品牌的保证，也是销量的保证。

第三个特征是消费者和厂家割裂。厂家无法直接触达消费者，消费者也没有机会实现产品的个性化定制。所有商业的背后都对应着一种商业文明，那时候的商业文明是相对割裂和封闭的。

这就是我们中国经济发展的第一波浪潮。以上市公司为例，优秀的传统企业需要发展 20 年左右才能做到 200 亿～300 亿元的市值规模。

2. 第二波浪潮：在线化

随着科技的进步，微软推出了 Windows 系统和 IE 浏览器，使得人机交互变得可能。中国从 2000 年开始迈入 PC 互联网时代，这是中国商业的第二波浪潮。在这一波浪潮中第一批涌现的企业是互联网门户网站，如网易、搜狐、新浪，然后正式进入百度、阿里巴巴、腾讯的 BAT 时代。这波浪潮的主要特征是在线化，相对于第一波浪潮，商业文明逐渐从封闭走向开放，技术的发展提升了商业的效率，科技开始成为推动商业发展的主动力。

网络技术的发展打破了消费行为的地域限制，省去了交易的中间环节，人们足不出户就能买到全国各地物美价廉的商品，用户的消费习惯逐渐转为线上消费，流量也逐渐向线上迁徙。

在这波浪潮中成功的企业，实现了三个在线化，即业务在线化、数据在线化、用户在线化，彻底颠覆了上一个时代的交易模式。

这就是在线化浪潮，这波浪潮比上一波浪潮更大，发展速度也更快，10 年时间已经涌现出许多市值突破 100 亿美元的企业。

3. 第三波浪潮：智能化

智能化浪潮的一个标志是苹果发明了智能手机。随着智能设备的普及，以及 AI（人工智能）算法和大数据技术的发展，我们开始进入智能商业时代，科技对于商业的影响也越来越大。这波浪潮的两个核心特征是"智能化"和"网络化"。

智能化最直观的表现体现在内容和信息获取的方式上，PC 时代主要依靠搜索，移动时代智能推荐逐渐成为主流，商业的效率进一步提升，交易的流程被重构。

2015 年，淘宝提出"千人千面"，快速加入商业智能化浪潮，而像今日头条，一出生就是 3.0 时代的产物，是智能化的典型代表。

网络化最直观的表现体现在网络协同生态上，比如美团的商家、骑手、用户形成了一个网络协同生态，在平台的规则之下相互协作共生。

综上可见，中国改革开放 40 多年的商业发展同样呈现出了非连续性，而科技是推动商业发展的最主要因素。

思 考

面对三浪叠加的商业环境，处于第一浪的企业该如何谋生存和发展？

如果你的企业目前处于第一浪，那么你需要去追求的是，做一家百年的小而美企业。首先，你需要真正去提高产品和服务的质量。其次，你要"择良木而栖"，即寻找新的流量平台。在线化、智能化的出现，使企业拥有了多个完全不同的流量平台可选择。比如，如果你是哈尔滨商场里卖红肠的商家，那么当线下商场流量越来越少时，你就需要寻找新的流量平台，如淘宝、抖音、快手、小红书等。

科技 40 年发展的非连续性

商业的今天，科技是商业发展的主旋律，产业互联网将成为下一个经济浪潮。我们研究了科技 40 年的发展过程，发现这个过程同样是非连续性的，大致可分为四个阶段。

1. 20 世纪 80 年代：硬件科技的 10 年

代表企业：IBM、联想、华为、海尔……

20 世纪 80 年代，整个商业环境出现了以硬件为核心的 10 年发展。当时，中国出现了联想、华为、海尔等一批新兴企业，全球则出现了 IBM、东芝、西门子等一系列优秀企业。今天我们回过头再去观望，很多昨日的龙头企业，今天已经排不进行业的第一梯队，甚至一些企业已经消亡在历史的长河中了。

这里我们来研究一下联想这家企业。联想成立于1984年，是硬件时代的代表企业之一，至今仍是一家值得尊敬的企业。曾经（2005年），联想的市值是腾讯的2倍多；如今（2021年），腾讯的市值约为联想的50倍。为什么在短短的十几年时间里会出现如此巨大的反差？

联想于2020年5月20日发布2019/2020财年财报，全年整体营业额为507.16亿美元（约合3531亿元人民币），其中PC（个人电脑和智能）设备业务营业额达到创纪录的398.59亿美元，占集团总营业额的79%，仍处于绝对龙头地位。

然而，移动业务营收52.18亿美元，数据业务营收55亿美元，各占集团总营业额的10%左右，持续下滑，且始终处于亏损状态。可见，多年来虽然联想一直在强调业务转型，但业务形态始终未变，仍然高度依赖PC业务。换言之，到目前为止联想依然只有强壮的第一曲线。

2. 20世纪90年代：软件科技的10年

代表企业：微软、甲骨文、金山、用友……

20世纪90年代，国内一批优秀的软件公司快速崛起，如用友、金蝶、金山等，国际上 Adobe、微软、甲骨文等成为著名的软件企业。这标志着软件时代的真正到来。

时过境迁，今天这些软件企业仅有少部分跨越了非连续性发展，找到了自己商业飞跃的第二曲线，成为全球商业巨头，比如 2019 年市值突破万亿美元的微软。微软的市值在 1999 年达到 6000 亿美元，后来跌落至 3000 亿美元，其原因在于微软公司以 Windows 系统起家，未能找到好的转型方向。但在 2014 年，微软找到了云计算、大数据这条新的业务发展的第二曲线，其市值于 2019 年 9 月 25 日升至 1.06 万亿美元。

3. 21 世纪头 10 年：PC 互联网的 10 年

代表企业：网易、搜狐、新浪、阿里巴巴、腾讯、百度……

1994 年，中国第一个全国性 TCP/IP 互联网工程建成，标志中国开始进入互联网时代。但直到 1999 年前后，随着门户网站的出现和电脑的逐渐普及，我国才正式进入民用互联网时代。接下来便是中国经济高速发展的 10 年，互联网技术成为推动经济发展的强大动力，推动了一大批优秀互联网企业的诞生，彻底改变了传统的生意模式和消费行为，推动中国经济进入了在线化时代。用户和流量入口逐渐从线下迁徙到线上。从门户网站到搜索引擎，再到 BAT 三巨头，这波浪潮下诞生了许多市值至少百亿美元的独角兽公司。

4. 21 世纪 10 年代：移动互联网的 10 年

代表企业：腾讯、阿里巴巴、今日头条、拼多多、美团……

2010 年，乔布斯在美国发布了跨时代的产品——智能手机 iPhone4，标志着世界开始进入移动互联网时代。随后，小米、微信先后发布，中国移动互联网时代正式开启。

移动互联网时代，用户渗透的速度更快，用户加速向移动端迁徙，这个阶段的企业用更快的速度在移动端跑完了"信息资讯、社交娱乐、电子商务"这三大赛道（见表 1-2）。

表 1-2　互联网各个时代的代表

	PC 时代的代表	移动时代的代表
信息资讯	门户网站、百度搜索	今日头条
社交娱乐	QQ	微信
	聊天室	抖音、快手、B 站
	网游、页游	手游
电子商务	淘宝、京东	淘宝、京东、拼多多

不难发现，在这三大赛道上，不少在上一个时代曾经辉煌的公司已经掉队，很多新的选手加入这波智能商业的浪潮

中。而且，现在这波浪潮的速度正在加快，比如拼多多用不到5年的时间就实现了市值突破1000亿美元。

同时，这波浪潮也是一场全球化竞争，比如在云计算赛道，2020年4月国际研究机构Gartner发布了2019年的云计算市场数据。数据显示，2019年全球云计算市场份额亚马逊、微软、阿里云、谷歌排名前四。其中，亚马逊占44.6%、微软占17.4%、阿里云占8.8%、谷歌占5.2%（见图1-2）。

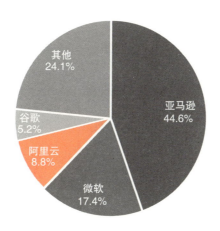

图1-2　2019年全球云计算市场份额

注：因四舍五入，各项数据加总为100.1%。

另外，这波浪潮也催生出了大量线上线下相结合的细分领域新赛道，比如以美团为代表的本地生活服务。

纵观科技 40 年的发展，我们得出三个结论：

第一，用户一直在迁徙，从最早的线下门店到 PC 端，再到移动端，是科技的发展和进步推动了用户迁徙，改变了消费者的消费场景和消费行为习惯。

第二，科技的发展史同样是非连续性的。

第三，用互联网思维和数字化来重构传统产业，成为下一波扑面而来的商业浪潮。

回顾了商业发展的昨天，我们来大胆预测一下商业的明天将会如何发展。

不确定性，是未来商业的主旋律

我们正身处一个剧变的时代，当我们看向未来的时候，发现未来商业浪潮的主旋律充满了不确定性：**国际形势的不确定性，新技术的迭代与发展，人口红利的变化，资源红利的变化，流量红利的变化。**这些不确定性一方面加剧了企业的变革，另一方面也带来了巨大的经济重构机会。

举个技术迭代带来商业变化的案例。在新冠疫情暴发之前，我们小区的居民大部分都是在小区内的小店、附近的农贸市场或者周边的大型超市购买每日餐桌上的食材，像我这种每天在叮咚买菜、盒马鲜生、每日优鲜买菜的互联网人并不是主流。但是在疫情紧张期，小区居民普遍在线上买菜。疫情紧张期过后，大部分人依然保持着在线上买菜这样的购物习惯，买菜这个消费场景此时就有了变化。新技术的发展改变了用户的消费习惯，也在底层重构了"菜篮子"这个传统的商业模式。

那么，我们未来的商业趋势会有哪些变化呢？我们不妨来大胆地设想一下。

1. 未来商业的终极模式

C（消费者）to B（企业），即企业可以根据消费者的需求来定制化生产，并且能够直接触达消费者。但这个模式的实现是一个不短的过程，需要一个中间业态来过渡，那就是 C to S（服务平台）to B。我们正处于一个 C to S to B 的过渡阶段，消费者通过中间服务平台来采购产品，随着整个 C to S to B 的进程大大加速，中间商会越来越少，交易流程会越来越简化，越来越高效。

比如，2020 年很多知名厂商除了在京东、淘宝上铺货以外，开始尝试构建全网营销体系，包括抖音、小红书、快手、B 站、微信社群等，同时建立自己企业的私域流量，进行粉丝的社群运营活动。更为领先的行业领头企业已经开始尝试用数字化真正打通传统线下直销体系，构建经销商体系和全网营销体系，未来三年要实现全域营销。这些大的变化会大量发生在 2020 到 2025 年之间，如果实现，将会大大提高企业获客、营销和品牌传播的效率，同时大幅降低企业各项经营成本。能够抓住下一波数字化商业浪潮的企业，就能实现新的飞跃，而每个行业的头部企业也会重新洗牌。

2．大网络协同

以前谈到组织的协同，我们大多指的是企业内部部门与部门之间或者部门内部的协同。我们发现，在未来商业中这种小协同会发展为大协同，我们不仅仅需要部门内部的协同、前中后台的协同，还需要跟企业外部的商业生态（如经销商生态、技术生态、供应链生态）协同，你会发现协同无处不在。

如果说前些年企业的在线营销都是建立在自己的私域流量基础上，那么从 2021 年开始，拥有私域流量的企业将会大量地在外部进行流量协同，也就是通过私域流量互换运营以进一步扩大用户数。比如钟薛高入驻深圳文和友，推出了"深圳文和友店限定款"——钟薛高牛乳老冰糕（杏桃味）。协同将会成为企业经营管理中一个相当重要的主题，也是非常值得研究的一个课题。

3. 互联网思维和数字化赋能产业

我们展望未来，看商业的明天，企业发展始终呈非连续性发展的态势，基业长青依然是一个很大的挑战。

在每一波浪潮下，所有的业务形态、消费需求、盈利模式、营销方式都不一样，这些业务变化的背后是组织的变化、迭代升级乃至变革。

到这里，我们来总结一下，每一波商业浪潮，一浪又一浪，我们是如何掉队的。每次商业变迁的时候，我们组织的老业务文化土壤不能快速适应新业务的需要，我们的人才结构不适合新业务的发展，我们组织的各项管理机制不能匹配新业务的发展。所以，基业难以长青的根本原因是商业发展的非连续性，以及我们组织的发展、升级和变革跟不上商业的快速变化。

本节我们从商业发展的浪潮入手，重点剖析了企业难以基业长青的根本原因。接下来，我们将探讨如何跨越商业发展的非连续性，如何找到企业发展的第二曲线，从而实现企业的基业长青。

基业如何长青:寻找企业发展的第二曲线

查尔斯·汉迪在《第二曲线:跨越"S 型曲线"的二次增长》中讲道:在第一曲线达到巅峰之前,找到驱动企业二次腾飞的第二曲线,并且第二曲线必须在第一曲线达到顶点之前开始增长,企业永续增长的愿景就能实现。

什么是第二曲线

1. 查尔斯·汉迪的第二曲线

第二曲线理论的发现缘于一个偶然的机会。

英国管理大师查尔斯·汉迪在驾车前往阿沃卡的途中,在郊外的山林中迷路了。于是他向一个路人问路,路人这样回答他:"你沿着山路直接向上开,然后再往下开大约 1 英里[⊖],来到一条有座桥的小溪旁,小溪的另一边是戴维酒吧,你肯定不会错过的,因为它是亮红色的。这些你都记下了吗?"查尔斯·汉迪给出了肯定的回答,然后路人继续说道:"在离戴维酒吧还有半英里的位置,你向右转往山上开,那就是去往阿沃卡的路。"

正是这次偶然的经历,给了查尔斯·汉迪很大的灵感。

⊖ 1 英里 ≈ 1.61 千米。

汉迪先生结合自己对人生"S型曲线"的研究,以及对无数企业长年累月的观察,提出了企业增长的第二曲线理论。这个理论不仅可以应用于从个人发展到社会发展的方方面面,也同样适用于商业组织方面。这里,我们不妨一起来看一看汉迪先生关于第二曲线的几个核心观点。

- **建立企业的第二曲线,时机尤为重要。**因为"任何一条增长曲线都会滑过抛物线的顶点,持续增长的秘密是在第一曲线消失之前开启第二曲线"。企业中业务的创新转型,就是企业第二曲线的开始。
- **为了保持不变,一切都在变化。**汉迪先生提醒我们,情况总是会有变化的,只有第二曲线在第一曲线达到巅峰之前就开始增长,这样才有足够的资源承受第一曲线在第二曲线投入期的下降。这一切都是痛苦的,在企业里,这意味着削减员工数量和管理费用,进行组织架构调整,往往会涉及高级管理人员的更迭,而最为痛苦的是放弃一些原本珍爱的产品和市场。
- **改变的发生从全新的视角开始。**对熟悉的业务要用全新的视角来看,这样才能开辟一条与之前完全不一样的新道路。现实就如汉迪先生思考的那样,"在商业领域中,信息经济正演变为'赢家通吃'……如果我们想拥有一个让未来造福于每一个人而非享有特权的极少数人的机会,那么我们就需要挑战正统、有一点梦想、超常思考,并且敢于尝试不可能。这正是隐藏在第二曲线原则背后的思想起源"。

由此可见,"在寻找第二曲线的路上,成功的管理者必须向死而生,另辟蹊径,一次次跃过那些由成功铺设的'陷阱',开辟一条与当前完全不同的新道路,为组织和企业找到实现跨越式增长的第二曲线"。

既然第二曲线是企业永续经营的救命稻草,那么请大家思考两个问题:第一,我们的企业会从第一曲线自然过渡到第二曲线吗?第二,我们的企业该如何去打造第二曲线?

关于这两个问题,我们可以从图 1-3 中找到答案。

如图 1-3 所示,从第一曲线跨越到第二曲线,它并不是连续性发展的,而是中间有巨大的断裂。比如原来我们企业的营销体系是线下直销,现在打造第二曲线需要做在线营销,我们该思考如何去设计以消费者为导向的产品,如何去运营这些在线营销网络,以及如何才能具备这种新的营销能力。

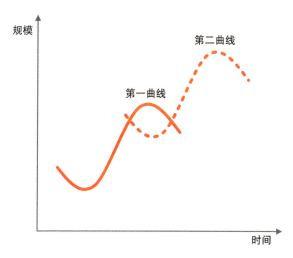

图 1-3　第一曲线向第二曲线跨越

所以，要顺利跨越到第二曲线，找到企业新的飞跃点，我们需要具备两种能力，一种是业务增长能力，另一种是组织创新能力，而且组织创新能力要优先于业务增长能力，飞跃才能实现。比如今年我要做到 100 万社群用户，那么运营团队要先具备运营 100 万社群用户的组织能力，才能真正完成这一业务增长目标。

但是，提升组织创新能力，本身就是一件非常困难的事情。正因为如此，能够跨越非连续性鸿沟的企业已经不止是优秀的，而是卓越的，它需要具备的条件，一是看到了真正的风口，发现了可以持续很多年的刚需，并抓住这一波浪潮的机会；

二是组织创新能力很强,并且可以随着业务的发展不断迭代和进化。

2. 重新定义第二曲线:大创新 vs 小创新

我们在多年的中国企业服务实践中发现,第二曲线创新可以分为两层:第一层是"大创新",从无到有开拓一条全新业务线,采用全新的模式实现新的增长,即在老业务的增长到达天花板之前,启动第二条全新的业务曲线;第二层是"小创新",同一条业务线用不同的模式和方法去做,实现新的增长,如老业务换新品类。

作为现代休闲食品品牌,洽洽深受国内外消费者的喜爱,已经成为中国坚果炒货行业的领军品牌,产品远销40多个国家和地区。

在20多年的发展过程中,洽洽并非一帆风顺,也曾经遭遇过很多业务和战略层面的挑战,但最终洽洽都通过第二曲线创新的方式,成功跨越了非连续性鸿沟,持续发展到了今天。

回顾洽洽第二曲线创新的历程,不难发现洽洽的创新当中既有开辟全新业务线的"大创新",也有对原来产品进行重构的"小创新"。

首先我们先来拆解一下洽洽的"小创新"。洽洽起初的主营产品就是大众熟知的瓜子，洽洽内部将其称为"红袋瓜子"。之后，随着市场偏好发生变化，洽洽对自己的产品线进行了迭代更新，虽然还是做瓜子品类，但在口味上做了很多新潮的创新，不再固守原来那些传统口味，而是开发了诸如山核桃瓜子、焦糖瓜子、海盐瓜子等新口味，这些后来被称为"蓝袋瓜子"。

从"红袋瓜子"到"蓝袋瓜子"，对洽洽来说同样都是做瓜子业务，但开发了多种创新口味，这是模式的创新，也就是第二曲线创新中的"小创新"（见图1-4）。

图1-4　洽洽的业务模式创新⊖

除了产品的迭代以外，在业务变化的过程中，洽洽的销售模式也在发生转变，最早洽洽主要是通过线下渠道进行销售，随着产品种类的增加、消费者习惯的变化，逐渐将线上渠道和线下渠道结合在一起，实现了全渠道营销。这种模式的转

⊖　图片来自洽洽官网（http://www.qiaqiafood.com/info.php?class_id=103）。

变，同样也属于第二曲线创新中的"小创新"。

之后，考虑到单一的瓜子类产品发展潜力有限，为了丰富产品的多样性，洽洽又开发了坚果零食类产品，后来被称为"小黄袋每日坚果"，这是全新的业务线，也是洽洽业务范围的拓展。这种创新，属于第二曲线创新中的"大创新"，从瓜子的赛道拓展到坚果更大的赛道（见图1-5）。

图1-5　洽洽的业务创新㊀

"小黄袋每日坚果"出现的同时，洽洽也开启了一种全新的营销模式，从传统的线下商超到在线直播，再到全域跨界合作，比如与营养师合作推广坚果的营养价值，营销模式发生了巨大的变化。这种创新，也属于第二曲线创新中的"大创新"。

㊀　图片来自洽洽官网（http://www.qiaqiafood.com/info.php?class_id=103）。

这里我们对洽洽的业务和模式创新过程进行了简要的介绍,主要是想让大家理解,无论是新业务的开拓,还是老业务尝试新的模式,都可以称为第二曲线创新(见表1-3)。

表1-3 洽洽的第二曲线创新

	老业务	新业务
业务创新	瓜子(红袋瓜子)	山核桃瓜子、海盐瓜子、焦糖瓜子等创新口味系列(蓝袋瓜子) 坚果品类(小黄袋每日坚果)
模式创新	传统模式	创新模式
	线下渠道	全域营销:全网运营+线下渠道营销

下面我再举一个我们公司(北京创业酵母管理咨询有限公司,简称创业酵母)2020年完成在线化的案例,来帮助大家更好地理解第二曲线创新发生的整个过程。

2019年年底的集团战略会还历历在目,大家雄心壮志准备大干一场,不料2020年新冠疫情突然来袭,一切战略归零。面对这样的情况,我们迅速进行了经营模式的调整,将业务从原来的线下转移到了线上。

虽然变革的是业务的开展方式,但首先需要变革的却是支撑业务的组织。首先,我们根据线上业务落地的需要,确认了变革班子的人才画像。把组织内勇于担当、勇于创新、愿意保持空杯心态、愿意相信公司的年轻人挑选出来,组建了具备线上运营能力的全新领导团队。同时，以此为基础，快速组建了 17 个新的项目组，开始通过赛马的方式去定位第二曲线。

然后，我们对公司的文化进行了变革，从线下传统服务业转型至在线服务业，在坚持"客户第一"的前提下，我们提倡更加开放、创新的文化。为的是通过文化对员工的影响，改变他们的思维方式，促使团队开发出更加符合当下需求的新产品，同时也是为了让新的线上业务可以更高效地落地。

比如，2020 年酵母研究院出品、得到用户普遍好评的"蹲马步"系列管理课程，之所以能够赢得很多学员的青睐，很大程度上就是因为这个产品的设计以用户（企业管理者）为导向，解决了他们的三个核心痛点：

- 学什么？
- 怎么学？（如何结构化地深度学习？）
- 怎么用？（如何在企业学以致用？）

组建了团队，调整了文化之后，我们就开始提升团队的组织创新能力。在这一阶段，我们学习一切，比如如何玩转抖音、社群，如何制作优质内容，如何用更少的成本找到更多的精准用户。为此，我们还特意组建了大增长中心。最终，实际的结果告诉我们，学习是有意义的，我们仅用了一年的时间，就成功实现了转型。更重要的是，整个大增长团队的成员平均年龄只有25岁，而且在此之前他们从来都没有做过在线运营，我想这应该是学习型组织最好的诠释。

有了足够强大的能力，还需要制度的支持，才能充分激发团队的活力。所以，我们对制度也进行了变革，将招聘制度、绩效制度、提成制度、晋升制度等，都调整到了适合线上业务的方向上。

最后，我们快速调整了组织架构，因为组织架构是为业务服务的，业务发生了变化，组织架构自然也要调整。

在主营业务没有变以及没有任何减员的情况下，我们仅用不到一个月的时间就达到了2019年同期线下的营收水平。同时，我们还通过在线渠道的高曝光吸引了一批新的高质量客户，比如中国飞鹤、片仔癀、双胞胎集团、蒙娜丽莎摄影、奥普家居、陕西广电等。整个公司也在转型中快速成长起来，成功地从第一曲线跨越到了第二曲线。

没有这些内在的组织创新和变革，哪来的创新业务落地？创新业务怎么做，我们刚开始并不知道，但是一群人通过坚持不懈的努力，团结奋斗，最终在实践中找到了真正的答案——业务变化的背后是组织创新与变革。

什么时候打造第二曲线

其实查尔斯·汉迪早就提醒过我们,"在第一曲线达到**巅峰**之前,找到驱动企业二次腾飞的第二曲线,并且第二曲线必须在第一曲线**达到顶点之前**开始增长,弥补第二曲线投入的资源(金钱、时间和精力)消耗,那么企业永续增长的愿景就能实现。"

经常有企业老板一上来就问我:什么时候打造第二曲线?每次听到这个问题的时候,我都会先去了解他目前的主营业务,当我发现他现在的主营业务只有几千万元规模,体量还非常小的时候,我通常会建议他不要花费太多的时间去想第二曲线的事情,因为这不是一个好的时机。

中国的市场那么大,每个行业有大则几万亿元、小则几十亿元的市场,你才做到几千万元,说明你的组织创新能力还很弱,这个时候,当务之急是提高组织创新能力,让第一曲线业务变得更加强壮,从而提高市场份额。

这时候如果急于去打造第二曲线,就会分散企业家的精力,浪费宝贵的生存时间以及占用为数不多的现金流,使公司陷入危险境地。

当对外业务市场占有率有了,品牌有了,消费者的忠诚度有了,对内文化有了,组织能力有了,兵强马壮之时,再去打造第二曲线才是最合时宜的。

如何打造第二曲线

为了能够给企业提供直接落地的方法,我们对第二曲线理论进行了进一步的研究。最后,我发现在实际的经营过程中,第二曲线是由显性曲线(业务增长)和隐性曲线(组织创新)两条曲线构成的(见图 1-6)。

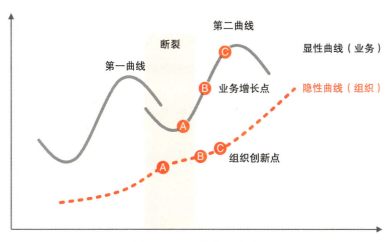

图 1-6 第二曲线的构成

显性曲线,即我们通常所说的业务增长曲线,是由无数个业务增长点构成的,比如新的业务模式、新的产品品类、新的用户群体等,很多创新业务曲线都是从一个业务增长点开启的。

隐性曲线,即我们通常所说的组织创新曲线。为了支撑新的业务增长，组织需要不断创新和迭代，比如新的模式下人员的能力如何提升，管理的机制如何更敏捷，文化如何迭代和发展等，这些组织创新的点连在一起就构成了一条组织创新的隐性曲线。

在市场上，能够取得阶段性成功的企业不在少数，但真正能够成功完成业务变革、实现持续增长的往往只是极少数。因为大多数企业在发展过程中会陷入一个误区，那就是**只关注业务增长的显性曲线，而忽视组织创新的隐性曲线**。

相信从前面提到的创业酵母实现第二曲线创新的案例中，大家已经充分认识到了组织创新的重要性，接下来我们将深入研究业务增长和组织创新这两条非常重要的曲线。

增长的路径："剩者为王"

业务增长，是企业永恒的追求！

为什么追求增长

世界上任何事物都有生命周期，企业也不例外。根据美国管理学家伊查克·爱迪思（Ichak Adizes）的生命周期理论，既然企业是生命体，那么它就会有从孕育到出生、成长，再到老化、死亡的生命周期。这里，非常值得关注的是稳定期，这是一个最危险的阶段，因为稳定期过后必然步入衰退（见图 1-7）。

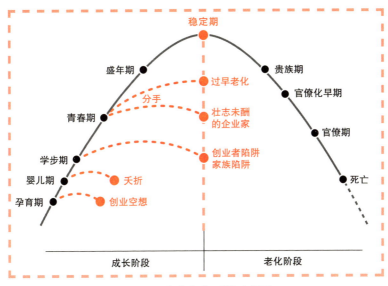

图 1-7 企业生命周期示意图

对于企业而言，死亡是必然的！如何打破这个魔咒，延长企业的生命周期？如何让企业在存活期内更加健康？如何让企业更有社会价值，员工更有归属感，老板更有成就感？如何成为这个时代真正的好企业？出路只有两个字：增长！只要能够永续增长，企业自然可以基业长青。

什么是好的增长

通过对大量企业发展路径的研究,我发现市场上主流的增长路径有两种:一种是依靠资本的力量实现规模的扩张,另一种是凭借组织的力量获得持续的增长。前者看似增长很快,实际却很慢;后者看似增长很慢,实际却更快。为什么会出现这种奇怪的现象?接下来,我会一一进行分析。

1. 增长路径一:快就是慢(借力资本)

在实际经营中,很多企业都在遭受日益激烈的同质化竞争所带来的困扰。为了快速确立自己的优势,在业务取得一定的成功之后,企业会利用资本的力量,迅速扩张业务规模,从而占据市场,获取收益(见图1-8)。

图1-8 快就是慢的增长路径

快就是慢的增长,简单来说就是首先找到可复制的业务,然后利用资本的杠杆不断扩大业务体量和提高市场占有率,等到业务遇到瓶颈后再去发展组织内生的力量。这种增长更多依靠外部资本的推动，而忽视组织内生的力量，相对而言比较脆弱。幸运的企业发现问题后弥补了，大批不幸运的企业发现问题后来不及弥补，就会面临死亡的风险。前一波依靠资本飞起来的风口上的业务，最后大多一地鸡毛，都是在印证这种增长模式的脆弱性。我们来看一个快就是慢的案例。

2020年11月，网络上一场针对长租公寓品牌"蛋壳公寓"的讨债风波，引起了广泛的关注。

蛋壳公寓成立于2015年，是一个针对城市高级白领人群的公寓在线租赁平台，主要为年轻的白领提供优质的房源和方便快捷的租赁服务。2020年1月，蛋壳公寓已经成功在美国上市，从创立到上市的这五年时间里，蛋壳公寓一共经历了七轮融资，融资总额达到了60亿元人民币。在资本的加持下，蛋壳公寓快速积累了超过40万套的房屋资源，并对其进行了升级改造，目的是为租客提供更好的环境，当然也是为了提高房屋的租金，获取更高的收益。

由于租金较高，蛋壳公寓在租赁环节增加了"租金贷"这种金融服务。租客可以通过蛋壳公寓去申请租金贷，然后一次性支付押金和一年甚至更长时间的房租。即便申请者自身的条件并不符合，但有蛋壳公寓的担保，同样可以申请下来。而后，蛋壳公寓会根据房屋租赁合同，以月付或者季付的方式给房东结算租金。

看似合理，实际上却存在一个巨大的漏洞，那就是蛋壳公寓作为一个中间平台，手里却掌握着大量租客付给房东的租金。而习惯了重资本玩法的蛋壳，并没有一个清晰的财务系统可以对手中的资本进行合理规划。于是房东的钱被企业拿去扩张"地盘"，但因为收益的延迟，蛋壳公寓迟迟无法付给房东应得的租金，资金链断裂。得不到租金的房东不得已清退租客，而租客被扫地出门后，为了个人的征信依然需要偿还贷款，房东、租客、金融机构、蛋壳公寓四方的矛盾激化。

至此，蛋壳公寓的品牌形象一落千丈，股价也一路下跌，到了濒临破产的边缘。

类似蛋壳公寓这样由资本催熟的企业还有很多，爱屋吉屋创立于2014年，号称"用互联网飞机大炮的方式挑战传统房地产中介的刀耕火种"，一年多的时间完成前后五轮融资，融资金额高达3.5亿美元。在资本的加持下，凭借"低中介费+高提成"的模式，爱屋吉屋短期内高薪挖来大量经纪人跑马圈地，并用铺天盖地的广告来获取客源，一度将规模冲到行业第三，仅次于链家和中原地产，估值10亿美元，团队规模也迅速膨胀到1.6万人。

但"低中介费+高提成"的商业模式，导致每月净亏损高达8170万元，远远背离了房地产中介行业"高中介费+高提成"这一通行百年的行业定律。随着亏损持续扩大，这场以"烧"钱换市场的资本游戏接近尾声。2019年2月，爱屋吉屋的整租、二手房业务全部结束，网站、app已经停止运营。从资本的宠儿、行业独角兽到倒闭清算，不过五年时间。

很明显，过于依赖资本，借力资本催熟业务的模式，虽然短期内发展速度很快，但因忽视企业营运能力和组织能力的打造，终究不能持久。对于这种类型的企业来说，借力资本就如同饮鸩止渴，看似快速发展的背后，其实隐藏着自身缺乏主动造血能力的致命弱点。所以看似增长很快，实际却很慢，哪里飞起来，哪里跌下去。这就是"快就是慢"的道理。

2. 增长路径二：慢就是快（借力组织）

我研究过中国各个行业的领先企业，发现一个共性：很多行业的头部企业之所以能成为行业领袖，靠的是"剩者为王"的坚持。在正确的路径上，不断前行，随着越来越多的同行因为市场或者自身的原因而败走，最终自己成了行业中的龙头。当然在这个过程中，会不断出现新的竞争对手，貌似来势汹汹，但同样面临时间的考验。

前面提到的洽洽是我的客户,多年来历经行业浪潮逐步成为行业领袖,我们来研究一下它的增长路径。

过去20年,洽洽一直坚持以"为消费者提供安全、新鲜、美味的坚果休闲食品"为使命,并逐渐成长为行业的领军品牌。同时期的傻子瓜子、阿明瓜子因为各种各样的原因已经逐渐淡出了大众消费者的视野,只有洽洽依然在引领行业,核心的秘密就在于长期坚持做正确的事:坚守产品品质,无比重视食品安全,产品要经历200多项严苛的检验才到达消费者手中。正是这种坚持,让洽洽经过20年的发展,在包装瓜子领域拿下了54%的市场份额,并把产品下沉到了每一个乡镇,甚至是村里的杂货店,一度成为线下渠道中的王者。对品质的追求让洽洽每一步都走得无比坚实。

进入互联网时代之后,洽洽开始面临在线电商的强大冲击。以创办于2012年的三只松鼠为例,其借助淘宝平台的红利期,斥巨资发力营销,快速抢占线上零食市场。

激烈的市场竞争倒逼这家20多年的老牌企业开始进行变革和转型,2015年,董事长陈先保先生重新回归并亲自带队开展打造第二曲线的变革,沉下心来做组织创新。

1. 调整组织架构：选拔和任用年轻干部

公司以品类为中心成立事业部，并扩大事业部的责权利，提出"自己挣钱自己花"，大力鼓励和支持创新。在这样的调整下，变革后的第一年就孵化出了很多创新产品，"蓝袋瓜子"就是在此时诞生的。

值得一提的是，销售层级进行了扁平化改革，撤销了原有的东、西、南、北四大经营中心，将原经营中心下属的18个销售区域合并成12个BU（经营单元），直接与总部对接。销售事业部的扁平化改革也是将更多资源和权力下放给终端市场，加快决策的执行速度。

2. 文化变革：回归Day 1（创业第一天）状态

提倡你追我赶的狼性文化，"能者上，庸者让"，团队重新找回了创业第一天的状态。

3. 绩效改革：全方位、多层次业绩PK（竞赛）

通过全方位、多层次的业绩PK，激活了组织与团队，培养了一批优秀的年轻干部。"我们的考核以业绩为主，每个月PK都是看业绩销售额增长、重点项目的进展，PK前三名有奖励，第一名做案例公开分享，最后一名总结检讨，业绩持续不达标进行末位淘汰。"

转型很快见到了成效。一方面，组织重新被激活。很多老员工都说找回了当初创业时的状态。开放的人才政策下不断涌现出优秀的年轻干部。另一方面，新业务的发展也蒸蒸日上。正如我们前文介绍过的，瓜子的老业务绽放了新的活力，不断推出新的口味带给消费者惊喜。同时坚果的"大创新"业务线，也实现高速增长。据贝壳投资数据显示，洽洽在2015年的坚果营收仅0.21亿元，但到2019年已经快速增长到8.25亿元。

为什么洽洽能够跨越不同的商业浪潮，实现第二曲线创新？

我觉得主要有三方面的原因：首先，了解陈总的人都能从他身上感受到那股永立潮头的企业家精神，愿力很强；其次，战略上永远坚持做难而正确的事，坚持做具有长期价值的事情；最后，组织上永远在升级迭代，给年轻人更多的机会。

这就是洽洽"慢就是快"的增长路径。

我们再来看另一个国民品牌——飞鹤的增长路径。

2020年12月17日，探月工程"嫦娥五号"返回器成功返回地球。飞鹤明星产品星飞帆成为首个进入地月空间的婴幼儿配方食品，"中国飞鹤"的铭牌被永久地留在了月球表面。

中国飞鹤作为"嫦娥五号"婴幼儿配方食品官方合作伙伴，也是中国制造的优秀代表，这体现了中国探月工程对中国飞鹤高标准、高品质的充分认可。

10多年前，国产奶粉因为"三聚氰胺"事件陷入了低谷，整个行业遭受重创，但如今飞鹤奶粉作为更适合中国宝宝体质的奶粉已经成为中国骄傲。

2016年，欧睿国际的全球婴幼儿奶粉市场数据显示，飞鹤已经成长为"全球婴幼儿奶粉市场亚洲第一品牌"。

2015～2021年，飞鹤连续七年摘得"世界食品品质评鉴大会金奖"。

可以说，飞鹤这几十年的发展正是中国奶粉行业历经艰难逐渐走向成熟的一个缩影。

那么，飞鹤究竟是如何历经风浪成为行业龙头，并打破国外品牌一统天下的格局的？

首先要面对的是奶源的问题，因为奶源是产品品质的基础。

当时很多奶企采用的是从国外采购大包奶粉，加水后制成牛奶，再加入营养元素二次加工后出售。和鲜奶相比，这样的奶粉虽然成本很低，但是营养成分也大打折扣。

而飞鹤为了解决奶源问题，走的却是不同的路径：

2001年，成立奶牛小区集中养奶牛，在奶农中普及奶牛的防疫知识；

2005年，建机械化奶站，对挤奶全过程进行集中管理，提高鲜奶质量；

2006年，自建规模化牧场，把奶源安全牢牢掌握在自己手中。这是一项需要巨大投入的工程。为了实现从源头掌控品质，飞鹤将饲草种植纳入专属产业集群，从土壤、种子、肥料开始把控，在农场里规模化种植富含营养的饲草饲料，确保奶牛的饲料经过科学配比和严格管理，以提高奶源品质。

我去飞鹤牧场参观的时候，也惊叹于牧场的先进和科学管理：牛舍里有调节室温的"新风系统"，奶牛带着可以进行智能监测的"项链"，随时监控健康状况。挤奶大厅里播放着轻音乐，奶牛还可以享受机器的按摩。每头奶牛都有自己的卧床，经过标准化设计，以达到最佳的舒适度，就连奶牛卧床上铺的草都是经过科学处理的，以保持干燥，降低奶牛得炎症的风险。每个挤奶大厅都悬挂着巨大的牌匾"请善待奶牛，她们也是母亲"，这就是飞鹤自有牧场中"以牛为本"的管理理念。飞鹤确实把挤奶过程中的每一个品控细节都做到了极致。

鲜奶挤出来后进入食品级白钢管道，牧场和工厂的距离大约为20分钟车程，以保障新鲜的生牛乳第一时间送至飞鹤智能化工厂，一次性加工成粉。

飞鹤最早建成了中国婴幼儿奶粉行业第一个真正意义上的专属产业集群，有着世界领先的质量安全防控体系，首个专属产业集群可追溯系统，可实现消费者对产品奶源地、包装及检验地点的全流程追溯，为消费者提供全面、便捷和安心的追溯服务，引领中国奶企以更加透明、开放的姿态发展。

但在当年，自建牧场的想法不仅得不到同行的认可，就连公司内部的员工也不理解，为什么要投入这么多成本自建牧场，甚至要贷款背负沉重的债务。董事长冷友斌顶着巨大的压力始终坚持自建牧场，因为他内心认为坚持食品安全与品质，是这个行业从业者最基本的良心，长期看一定是正确的，"不这么做，奶源永远不能稳定，更谈不上高品质"。大家不理解，他就一次次地在公司内部宣讲，甚至亲自给新员工培训，给每一位新员工讲解公司的使命以及坚守奶源品质的重要性。"买奶粉的是孩子的妈妈，但是喝奶粉的是宝宝，几十年后他们可能就是各行各业的栋梁，是中国未来的希望。"做婴幼儿奶粉，就是做母亲的事业、良心的事业！

直到2008年"三聚氰胺"事件，中国奶粉业遭受重创，而飞鹤因为拥有自有牧场，奶源牢牢掌控在自己手里，成为少数质量过关活下来的奶企。大家终于理解了冷总当初的坚持，很多人抱在一起哭了，经过这么多年艰难的坚持，终于意识到了这项事业的价值，突然就有了使命感。

我每次去飞鹤，进门首先看到的就是三条核心价值观——诚信、责任、专业。每次跟冷总开会，也会听他反复强调这三条，但亲身感受过飞鹤自有牧场的专业化和每一位员工对品质的极致追求，我才真正理解了这三条价值观的含义。

坚持做困难但正确的事，正是一家追求长期价值的公司的立身之本。

虽然飞鹤度过了这次危机，但整个行业仍处于低谷。因为这次事件，老百姓对国产奶粉彻底失去了信心。我们应该还记得，那段时间很多家长宁愿花高价通过各种渠道从国外代购奶粉，也不买国产品牌的奶粉。

如何重建国民的信任，成了当时摆在飞鹤面前的一大难题。

不同国家的饮食结构导致母乳成分有很大的差异，而每个国家的婴幼儿奶粉是根据本国母乳的成分结构研制的，因此长期依赖国外奶粉是有很大隐患的。我跟冷总曾经探讨过这个问题。举个例子，欧美国家主食中有大量的牛肉和奶酪，母亲一般不缺铁，母乳中铁元素丰富，而我们国家的母亲缺铁的情况比较常见，母乳中如果不补充铁元素，宝宝就容易因缺铁而贫血。因此，飞鹤决心定位做"更适合中国宝宝体质"的奶粉。为了做出更接近中国母乳营养成分的奶粉，飞鹤从2009年开始持续投入进行母乳研究，搭建中国母乳数据库，开展中国母乳营养成分谱系研究，对中外母乳数据进行全面回顾与分析，研究中国母乳的特点以及中外母乳的差异，终于在全世界首次研发出了最详尽的中国母乳核心营养成分的结构比例成果，为设计"更贴近中国母乳，更适合中国宝宝体质"的奶粉提供了翔实的科学基础。目前飞鹤产品实现了结构母乳化、活性母乳化、比例母乳化、功能母乳化。

飞鹤2020年的国内市场份额为18.7%，超过了所有外资品牌，成为中国婴儿奶粉市场上销量第一的品牌，远超过市场第二品牌，并继续呈现不断上升的态势。靠着长期坚守的产品品质，飞鹤终于一点一点地赢回了消费者对国产奶粉的信赖。

复盘飞鹤崛起的历程，我们不难发现，一路走来，使命驱动着飞鹤坚守品质，永进无潮。无论是自建养殖牧场，还是专注对中国母乳更加精细化的研究，都是极其困难且短期内看不到收益的大工程，但正是长期坚持做这些困难但正确的事情，让飞鹤历经行业风浪存活了下来，并最终成为行业的领头羊。看似慢，实则快，这正是我们前文所提到的"慢就是快"

的增长路径。

在过往的研究中，我们发现全球超过千亿美元体量的巨头企业，成为行业领袖的企业，都是长期主义者。长期坚持做正确的事，长期坚持打造组织能力，而这些正确但困难的事情，基本都要经历近 20 年的发展，才能有所建树。比如，阿里巴巴用了 10 年的时间才让自己的 B2B 业务趋于成熟，又用了 8 年的时间才打造出一个相对完善的淘宝平台。好的企业和业务是需要时间的沉淀才能慢慢显现出来的，因为企业的持续增长需要人才、管理制度等因素的支撑，而这些本身就是非常耗费时间的事情。

走"慢就是快"的增长路径，有一个非常重要的原则就是坚持做正确的事情。也就是说在业务发展到一定规模之后，企业不要急于快速扩张，而要把大量的时间和资源投入到文化建设、人才培养、技术提升等长线的正确的事情上。企业家要一手抓业务，一手抓团队，同时还要维持好现金流的运转。长此以往，随着时间线的延伸，其他凭借资本力量上位的头部企业纷纷消亡，而一直坚持做正确事情的企业却可以凭借扎实的核心竞争力成功地生存下来，这就是所谓的"剩者为王"（见图 1-9）。

图 1-9　慢就是快的发展路径

当然,并不是说有了组织的支撑,企业的增长就不需要资本的赋能。相反,当企业的业务走向成熟,组织也发展到一定水平的时候,企业就会需要资本来引爆增长。

永远坚持做正确且有长期价值的事情,发展组织的力量,再借资本的力量来助力企业的腾飞,你的企业会更加容易成为行业领袖。

如何实现高效增长

我们在描述增长的时候经常会提到线性增长和指数型增长。下面我们来看看什么是线性增长和指数型增长。

1. 线性增长

线性增长,即"加法式增长"。比如,销售驱动型企业的增长通常是线性的,增加 1 名销售增加 100 万元业绩,增加 10 名销售增加 1000 万元业绩,以此类推。像这种依靠人数的增加而增加相应销售额的增长模式，我们可以称之为线性增长。

虽然销售驱动型企业看似能够保证业绩的提升，但在资本市场上认可度并不高，不能算是值钱的企业。原因主要有以下三个。

首先，业务扩张难度大，很容易出现瓶颈。这应该是所有销售驱动型企业的痛点，想要抢占一条条街道、一个个商圈乃至全国各个城市的市场份额，不仅需要时间，还需要面对白热化的激烈竞争，快速扩张难度自然很高。

其次，人员培养周期长，业务发展受制于某些业绩杰出的个人或者区域。对于现在的企业来说，最重要的资源就是人才，最难培养的也是人才。举个最简单的例子，一个美容技师的培养，至少需要半年到一年的时间，而一旦这个技师离职，很大概率上会带走美容院的客户，这对企业来说风险是相当大的。

最后，加法式增长速度缓慢。因为扩张难度大，而且对人才极度依赖，所以线性增长的速度本身就比较慢。而且，企业的机械增长往往都有一定的边界，增长到一定规模，就会面临瓶颈。

总而言之，从业务的角度来说，线性增长并不是一种高效的增长模式，但它在企业不同发展阶段承载了不同的历史使命，在特殊的发展时期会对组织起到巨大的作用。比如阿里巴巴第一家 B2B 公司，就是一家典型的销售驱动型公司，它不仅为淘宝、支付宝在发展初期输送现金流，为战略发展奠定基础，更重要的是输出了文化，输出了管理人才，才有了阿里巴巴集团之后无数次第二曲线的蓬勃发展和飞跃。

2. 指数型增长

指数型增长，即"百分比增长"，与线性增长不同，它依靠的不是数的累加，它是飞跃式增长。比如，通过技术的革新或者商业模式的创新，为企业带来新的增长点，从而实现高速的指数型增长。我们来看一个技术创新带来增长的案例。

1965 年，英特尔联合创始人戈登·摩尔预测，集成电路上可容纳的元器件数目每隔 18～24 个月便会增加一倍。这个定律被我们称之为"摩尔定律"。后来摩尔定律被修正为在价格几乎不变的前提下，集成电路上可容纳的元器件数目每隔约 18 个月便会增加一倍。这意味着单位成本（如 1000 美元）能够买到的算力，每隔约 18 个月便会增加一倍。数据显示，在 1997～2017 年的 20 年间，英特尔将 G3930 处理器的算力成本，从 1997 年的 1GFLOPS（每秒 10 亿次的浮点运算数）48 000 美元，降至 2007 年的 59 美元，再降至 2017 年的 3 美分。单位算力的成本呈指数级下降，意味着电脑、手机等终端应用的成本下降与性能升级，带来了整个行业的指数型增长，也成就了英特尔公司在行业中的地位⊖。

商业模式的创新同样会促进业务的指数型增长。比如传统零售行业的营销模式，是产品、品牌和经销商的"铁三角"，一切都是围绕销售业绩在做。首先，打造企业的爆款产品，然后通过铺天盖地的广告宣传把企业变成一个家喻户晓的品牌，最后大力发展各地的经销商、加盟商来实现企业的业绩目标（见图 1-10）。这个模式，完全符合中国商业的第一波浪潮——线下交易的趋势。

图 1-10　传统零售行业的营销模式

⊖　中金公司研究部. 数字经济：下个十年 [R]. (2020-09-17).

随着互联网经济的到来，这种模式越来越难以实现企业的持续增长。能否持续开发出年轻人喜欢的引领潮流的爆款？能否持续低成本地大规模获客？能否直接触达消费者，形成自己品牌和产品的私域流量池？在经营的各环节中能否持续做到降本增效？公司的品牌如何获得年轻用户的持续喜爱？这些都是传统零售行业目前面临的巨大压力。

随着数字技术的快速发展，不仅大型传统零售企业在转型升级，中国也出现了一批诸如喜茶、钟薛高、茶颜悦色、文和友等模式创新的新零售企业。它们根据对用户画像清晰的分析，针对社群粉丝用户的需求，通过数字化系统，在以消费者为导向的商业世界里，获得持续推出爆款产品的能力。

数字化技术的助推，使得门店运营变得更高效，同时在营销上也可以突破门店获客的局限，转而进行大量裂变的用户运营活动，然后将产品的品牌植入用户心智模型（见图1-11）。这就是数字化技术带来新零售行业营销模式的创新，从而实现指数型增长的典型案例。

对比线性增长和指数型增长，不难发现，我们所追求的最好的增长，一定是通过技术的革新和模式的创新，实现"团队规模线性增长，业务体量指数型增长"。

图 1-11　新零售行业的营销模式

业务增长,是企业永恒的追求,我们可以通过良性的增长路径、有效的增长模式来实现持续的增长。

组织的价值:"慢就是快"

基于大量的企业咨询、实践案例,我们发现实现业务增长(显性曲线)的根本在于组织创新(隐性曲线)的支撑,业务飞跃的背后通常是组织的迭代升级甚至是变革。这条支撑业务不断发展的组织创新曲线,我称之为"隐性曲线"。虽然隐性曲线深藏在底层,发展相对缓慢,不易被察觉,但它却是影响业务增长最核心的因素。这是本书重点研究的课题,我将在第 2 章专门讲解。

亚马逊的增长飞轮

作为跨境电商的领头羊,亚马逊成功跨越发展的非连续性鸿沟便是一个值得借鉴的经典案例。在案例中,我们能清晰地看到亚马逊的隐性曲线是如何助力企业的发展战略快速落地,支撑显性曲线快速发展的。

1. 亚马逊的显性曲线

通常我们去分析一家企业,一定是先看它的显性曲线。亚马逊发展到今天经历了多次业务变迁,比如最先开办在线书店,对标美国线下的巴诺书店;然后发展在线电子商务,成为全品类电商,对标沃尔玛;再后来发展出智能硬件 & 虚拟产品、AWS 云计算、全渠道转型等业务,其中最主要的业务是 AWS 云计算。截至 2020 年上半年,AWS 云计算的市场份额位居世界第一位。

图书零售业务是助力亚马逊早期快速发展的第一条业务曲线。但早在 2005 年年初,面对互联网洪流的冲击,贝佐斯意识到亚马逊的第一曲线迟早会到达极限。为了让公司可以持续地发展下去,在零售业务还在不断增长的时候,亚马逊就已经开始积极地探索未来的经营模式,提前面向未来进行布局。虽然当时贝佐斯是否了解第二曲线的商业理论我们不得而知,但可以肯定的是,他所做的事其实就是在开辟亚马逊的第二曲线。

亚马逊的第二条业务曲线是在线电子商务,第三条业务曲线是智能硬件 & 虚拟产品,而真正让亚马逊一战封王的是它的

第四条业务曲线——AWS 云计算。这些就是帮助亚马逊从最初的在线书店发展成为现在市值过万亿美元巨头的业务曲线（见图 1-12）。

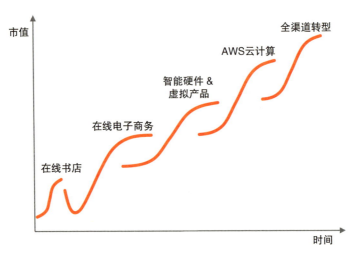

图 1-12　亚马逊的显性曲线

当互联网经济的大幕拉开，其他企业还不明就里之时，为什么亚马逊却可以创新出不同业态的业务曲线，并一路高歌猛进呢？

亚马逊的零售业务和之后出现的业务，如云计算、智能硬件等完全不属于同一维度。为什么贝佐斯可以让企业走出一条新路，而别人却做不到呢？它的背后到底有什么样的因素在影响？这一切，都要归功于显性业务变化背后的隐性曲线——

组织的支撑。

2. 亚马逊的隐性曲线

在正式开启第二曲线的变革之前,贝佐斯首先调整的其实并不是业务,而是组织。而在组织层面,率先发生变化的是企业文化(见图1-13)。

(1)亚马逊的使命没有变化,愿景有了新变化

想一想,1997年亚马逊的使命和愿景是什么?使命是成为地球上最以客户为中心的公司,愿景是客户可以在这里找到并发现他们可能想在网上购买的任何东西,并努力为客户提供尽可能低的价格。到了2019年,亚马逊的使命依然是成为地球上最以客户为中心的企业,但它的愿景变了。为什么它的愿景会变化?因为亚马逊是以客户为中心的企业,当客户的需求发生变化时,亚马逊的业务体系自然也要随之变化。

现在,亚马逊的客户遍布全球,包括消费者、卖家、内容创建者,以及开发人员和企业。这些群体中的每一个客户都有不同的需求,为了满足这些需求,亚马逊需要开发出新的解决方案。发展到今天,亚马逊已不再是全品类电商,它现在做的是内容服务平台,它要赋能于所有商业平台,最终"服务全球、全人类"。

使命、愿景层面

1997年

使命愿景解读

成为地球上最以客户为中心的公司,让客户可以在这里找到并发现他们可能想在网上购买的任何东西,并努力为客户提供尽可能低的价格。

价值观

客户至上

2019年

使命、愿景解读

成为地球上最以客户为中心的公司这一使命仍在继续,但亚马逊的客户现在遍布全球,并已发展到包括数百万消费者、卖家、内容创建者,以及开发人员和企业。这些群体中的每一个都有不同的需求,我们始终致力满足这些需求,创新新的解决方案,使事情变得更好。

价值观

1. 客户至上
2. 主人翁意识
3. 创新并保持简单
4. 坚持正确地做事
5. 学习并充满好奇心
6. 招聘并培养最优秀的人
7. 坚持高标准
8. 富有全局观
9. 积极行动
10. 节俭
11. 赢得他人的信任
12. 深入细节
13. 可依赖,保持怀疑并承担责任
14. 交付结果

图1-13 亚马逊的隐性曲线(企业文化变革)

(2)亚马逊的价值观没变,但有了迭代和发展

1997年亚马逊的众多价值观以"客户至上"为主,到2019年亚马逊的价值观已经迭代为14条,"客户至上"仍然排在第一位。为什么价值观会有迭代和发展?因为亚马逊始终是以客户为中心的,如果客户有了不同需求,那么价值观也需要做相应的调整。

其实理解亚马逊"客户第一"的逻辑并不困难:当客户有了足够好的体验时,就会无形中带来流量;流量增多,自然就会吸引更多卖家来到亚马逊平台进行销售;卖家增多,产品种类就会增多,同时提升方便快捷的服务,最终客户的体验会大幅度提升。之后,扩大规模时,其运营成本也会由更多的客户平摊。这样一来成本结构变得更好,剩下的利润又可以回馈给消费者,又从价格方面提升了客户体验。所有的这一切都是围绕着"客户至上"来进行的。

(3)企业文化指引增长飞轮战略的形成

在"客户至上"的指导下,亚马逊成功定位到了可以帮助自己跨越非连续性的增长战略,也就是后来大家所熟知的亚马逊的增长飞轮(见图1-14)。

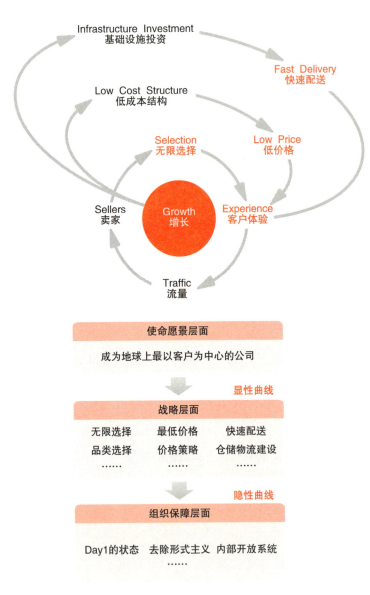

图 1-14 亚马逊的增长飞轮

第一个增长飞轮：无限选择。所有公司的业务战略都是从增长开始的。在电商业务方面，贝佐斯发现公司要实现业务增长，最核心的是提升客户体验。要想吸引顾客经常来买东西，商家就要提供多样化的产品，再好的西餐店如果只有一款牛排，客户也会吃腻。客户喜欢有更多的商品供选择，为此，亚马逊就引入了更多的卖家。而有了更多的卖家，又吸引过来更多的买家。至此，围绕着客户体验，贝佐斯完成了第一个增长飞轮的打造。

第二个增长飞轮：最低价格。亚马逊在服务客户时发现，如果要获得更好的客户体验，仅有更多的品类还是不够的，更多的客户开始要求更低的价格，此时亚马逊开始做最低价格。在这个过程中，亚马逊第一次提出了低成本结构。

第三个增长飞轮：快速配送。亚马逊发现做到最低价格和无限选择以后，客户还是有一点不满意，那就是物流，所以亚马逊又开始建设物流。为了实现快速配送，亚马逊建了数条干线物流，这是基础设施投资。

亚马逊的增长飞轮是由它的使命出发的，作为地球上最以客户为中心的企业，它的增长飞轮就是以客户体验为核心，以用户价值为企业战略的出发点，这就是精髓所在。

亚马逊的增长飞轮以用户价值为企业战略出发点。在战略层面，电商公司对客户来说最有价值的就是三件事情：无限选择、最低价格和快速配送。它们共同构成了亚马逊电商业务的增长飞轮体系。只要这三个增长飞轮环环相扣、保持正常运转，亚马逊的业务就能够实现持续增长。

与此同时，在这种重视客户体验的战略之下，亚马逊可以敏锐地发现消费者的新需求，并快速地转化为新的业务，去解决消费者的痛点。换句话说，在增长飞轮战略的辅助下，亚马逊可以及时地发现第二曲线业务创新的方向，在第一曲线达到巅峰之前找到新的业务增长点，从而平稳跨越发展的非连续性鸿沟，实现持续增长。而如何保障顺利开辟显性的业务曲线呢？这时候我们需要的是组织能力的支撑。

组织创新保障战略落地

对于任何企业来说，战略都一定要落地，才会有成果。亚马逊整个战略的落地过程，最核心的是组织创新，即打造隐性曲线。一家企业无论采用什么样的组织保障形式，都一定要依据其发展战略，找到最适合的组织结构。那么，亚马逊的组织是如何保障战略落地的？具体有以下三点。

1. 保持 Day 1 状态

什么是 Day 1 状态？即创业第一天的状态——永远保持生存的状态，永远保持组织的活力，这是生存和创业的文化，也是一个企业最重要的文化，还是抵抗大公司病、官僚主义最重要的方法。

2. 去除形式主义

一个公司越做越大后常常会有一种典型的表现，就是形式主义。这时候，企业的管理者不再关注结果，而只是确保流程的正确性。贝佐斯是一个特别讨厌流程的人，因为流程会限制人的操作。于是他把不能直接支持业务的部门全部砍掉，使亚马逊的组织架构变得更加敏捷。

3. 内部开放系统

亚马逊的云计算业务原来是一个供内部使用的操作系统，后来他们发现客户也需要这个系统，于是亚马逊就开放了这个系统。开放要远比封闭更强大，开放可以让自己变得更强。

综上所述，亚马逊增长飞轮的背后有文化作为指引，有组织作为保障。也就是说，在组织创新的隐性曲线加持下，亚马逊的增长飞轮战略才得以落地并高速运转。

我们将在第 2 章对隐性曲线进行深入的剖析和解读。

敲黑板

- 为什么基业难以长青?
  本质上是组织发展跟不上商业浪潮的变化。

- 企业如何基业长青?
  核心是要找到企业增长的第二曲线。

- 如何创建第二曲线?
  企业需要找到业务增长的显性曲线和组织创新的隐性曲线。

- 在创建第二曲线的过程中,我们发现显性曲线的成功不可复制,唯有隐性曲线才是基业长青可复制的增长因子。

第 2 章
隐性曲线：可复制的组织能力

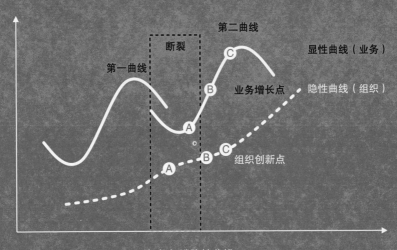

如何打造隐性曲线

什么是隐性曲线

隐性曲线的三要素

打造隐性曲线的四项基本原则

阿里巴巴飞跃:"天晴时修屋顶"

微软复兴:"开着飞机换引擎"

> **开篇思考**
>
> 打造隐性曲线有哪些核心要素？
> 在打造隐性曲线的过程中应把握哪些原则？

什么是隐性曲线

隐性曲线的三要素

任何一家企业要想长久地持续发展，都必须有强大的管理系统支撑，而其中最核心的是两大系统：业务系统和组织系统。

从外部观察，我们能够看到的是企业业务系统在发展，但实际上真正起作用的却是看不到的组织系统。我始终坚信，一切业务问题本质上都是人的问题，**一切企业发展的瓶颈本质上都是组织的发展跟不上业务的发展。**

因此在业务发展的同时，组织系统也应该保持不断迭代和进化的状态，这是一个渐进的过程，所以最终能够呈现出来的企业组织曲线，是一条不断上升的且在不断发展的曲线。理想状态下，这样的发展态势能够适配业务发展的需求。**这条随着企业业务变迁而生长出来的组织创新曲线，我把它定义为企业**

增长的"隐性曲线"。但它不只是一条曲线,还是一个组织创新系统,更是一套可以落地的方法论。

隐性曲线是由企业的文化体系、人才梯队和管理机制三大核心要素共同构成的(见图2-1)。在后面的章节里我会逐一详细讲解这三个要素。

图 2-1　隐性曲线的三要素

打造隐性曲线的四项基本原则

1."天晴时修屋顶"

组织的建设需要相对漫长的周期,也需要企业投入大量的资源和精力,因此,在业务还处在上升期时就应该未雨绸缪,提前进行组织建设。

误区:有很多企业没有意识到隐性曲线的价值,总是忽略组织建设。在业务呈良性发展的时候,很多组织问题容易被掩盖。等到业务下滑,问题暴露出来,发现组织的发展已经严重跟不上业务的发展，企业已经身处危机之中时，往往已经没有足够的资源进行组织的建设了。

2. "开着飞机换引擎"

如果把一家企业看作一架高速运行的飞机的话，那组织能力就是驱动飞机持续飞行的核心引擎。每一次跨越新的业务曲线，本质上都是一场变革，需要更换新的引擎。但我们要注意的是更换引擎的同时不能让飞机掉下来，即业务的发展不能停滞、下滑。

误区： 在变革转型的时候，新的文化、组织架构和管理机制往往会触动老业务，很多企业缺少方法策略，用力过猛，往往在变革途中，因主营业务大幅下滑，不得不半途而废。在后面微软的变革案例中，我们会详细分析微软是如何在变革中"开着飞机换引擎"，实现复兴的。

3. 文化先行，人才是软抓手，制度是硬保障

一个组织最难改变的是什么？我问过很多企业家，答案比较统一，即最难改变的是文化，是人的思维。**文化是双刃剑，既是企业发展的核心动力，也可能成为企业发展的最大障碍。** 一个组织形成了自己的文化后，往往会陷入惯性思维，对其他的文化会产生排异性，新的文化和思想就很难在组织内生

根发芽。因此，无论我们是搭建组织系统还是进行组织变革，都首先要进行"文化松土"，只有思想解放了，才能接受新的事物，然后人才建设和制度保障并行，一手"软"一手"硬"。

误区：很多管理者在进行组织建设的时候，往往会先从比较"硬"的模块做起，比如架构调整、绩效考核、人才盘点，但效果大多不好。我建议可以先从"软"的模块做起，比如文化的共创和落地、团队的培养。文化先行，然后通过培训帮助团队统一思想和认知，真正做到上下同欲。

4. 组织创新是一把手工程

隐性曲线的打造，本质上是一个组织创新的过程。它不能只通过HR（人力资源管理者）来推动，而应该由老板亲自来领导，老板和业务老大是一号位，HR是二号位，否则不可能有效果。这就是我常说的"组织创新是CEO的第一工程"。

误区：把对组织的重视仅仅停留在口头上，没有真正深入到实践当中。

很多老板经常对我说他们很重视组织发展，我就会问他们这样几个问题：

"你自己今年投入了多少时间在组织建设上？"

"公司投入了多少资金和资源在组织建设上？"

"你们公司 HR 的地位排第几？"

通过这几个问题，我们往往会发现老板本人根本没有投入多少时间和资源，公司 HR 的地位也很低，只是充当支持和服务的角色，那怎么可能做好组织建设？

明确了隐性曲线的核心要素和落地原则，接下来让我们一起通过阿里巴巴和微软的两个案例，进一步了解如何在企业实践中打造隐性曲线。

阿里巴巴飞跃："天晴时修屋顶"

作为中国本土最大的互联网公司之一，阿里巴巴从创业之始到今天先后开拓了很多的业务曲线，从最初的 B2B、淘宝、支付宝、阿里云，到后来的钉钉、平头哥、菜鸟、盒马鲜生等。如今的阿里巴巴已经不仅仅是一家电子商务公司。

阿里巴巴究竟是如何成功地跨越不同领域，完成一次又一次第二曲线创新的？

答案就是，阿里巴巴通过一次次的组织创新与迭代，支撑业务实现持续飞跃。

我们先来了解一下阿里巴巴的显性曲线。

阿里巴巴的显性曲线

如图 2-2 所示，从创立开始，阿里巴巴的业务已经发生了四次重大变革，即从 B2B 到电商平台，从电商平台到金融服务，从金融服务到云计算服务，从云计算服务再到各种创新业务。

阿里巴巴的第一条业务曲线是 B2B，是典型的销售驱动型业务。是什么推动一家销售驱动型公司之后不断开辟出电商平台、金融服务、云计算服务等一系列创新业务，直到形成一种商业生态的？

答案其实隐藏在阿里巴巴的企业文化里，阿里巴巴的使命是"让天下没有难做的生意"，价值观第一条是"客户第一"。为客户解决问题是阿里巴巴共同的信仰，在帮助客户解决一个又一个问题的过程中，阿里巴巴的创新业务也逐一浮出水面。可以说是阿里巴巴的文化指引了战略方向，客户的需求驱动了新业务的诞生。

淘宝出现的根本原因是当时出口贸易遇到了很多困难，年底客户访谈的时候，很多客户说："我们今年出口遇到了问题，阿里巴巴能不能帮我们把这些产品内销掉？"出口转内销成了当时客户最大的需求，于是阿里巴巴开始考虑如何把外贸转内销，解决客户的难题，刚好赶上 eBay（易贝）进军

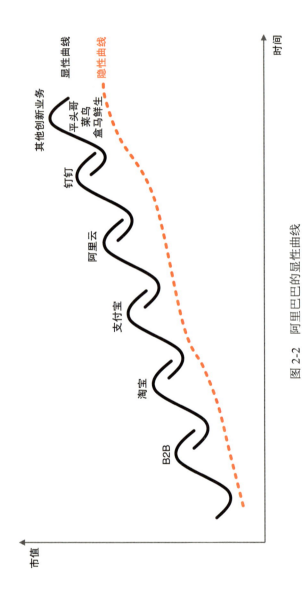

图 2-2 阿里巴巴的显性曲线

中国，淘宝就这样诞生了。

阿里云的诞生也是基于客户的需求，早期阿里巴巴 to B、to C 的数据乱得像一团麻，所以阿里巴巴最早创立了一个阿里软件，其定位是服务于公司内部的各个分公司，把数据统一存下来并进行分析。大数据是海量的、真实的，但是数据需要先存储，再加工、分析、清洗。后来阿里巴巴发现整个生态内的客户都有同样的诉求，于是阿里云开始全面开放，为客户提供数据服务。

思　考

好的商业战略真的是我们想出来的吗？

阿里巴巴的每一次商业战略调整都离不开内外两个核心要素：第一个要素是向行业看，研究行业发展趋势，研究行业标杆企业；第二个要素是向客户看，客户的需求一直推着阿里巴巴向前走。所以，说阿里巴巴业务增长的显性曲线是企业文化驱动的结果，一点也不为过。

剖析了阿里巴巴的创新业务是如何创新出来的之后，我们再来思考下面的问题：

为什么阿里巴巴的这些创新业务能够做成功？

阿里巴巴早期只有销售能力，为什么后来能做电商业务、金融服务甚至云计算服务这些完全不同的业态？这些组织能力是如何一点一点生长出来的？

在每次变革的背后，阿里巴巴的组织也在同步演进，组织不断发展进化以支撑业务的突飞猛进。很多人只看到了阿里巴巴业务的不断飞跃，但这些业务的成功很难复制，真正值得学习的是这20多年坚持不懈的组织创新，接下来我们就一起来剖析阿里巴巴隐性曲线的发展轨迹。

阿里巴巴的隐性曲线

如图2-3所示，自创立至今，在20多年的时间里，阿里巴巴已经进行了八次组织的迭代创新，包括合伙人团队、"独孤九剑""政委体系""六脉神剑"等，以支撑同时期业务发展的需要。它们就构成了支撑阿里巴巴高速腾飞的隐性曲线。

1. 2000年：合伙人团队

1999年阿里巴巴成立，2000年就搭建了最初的合伙人团队。蔡崇信，专门负责阿里巴巴的财务和投资。关明生，专门负责业务运营与人力资源管理。今天阿里巴巴底层组织建

第2章 隐性曲线：可复制的组织能力 | 075

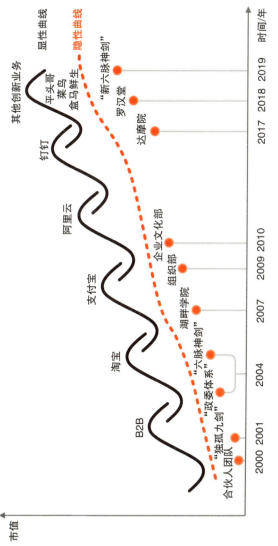

图 2-3 阿里巴巴的隐性曲线

设的文化体系，都是由关明生搭建的。关明生非常强调价值观的作用。他认为价值观是对使命和愿景的支撑，是一家企业的DNA。价值观没有对错，是必须遵守的游戏规则。李琪，专门负责B2B的"中供铁军"，他是阿里巴巴第一个业务总教官。李琪有两个明显的特点：一是他对下属越关心就越严厉；二是他在任何场合的讲话，都是简短而有针对性的。阿里巴巴创始人曾经说过："起初，我对技术一无所知，我对管理一无所知。但问题是，你不需要知道很多东西，你必须找到比你聪明的人。这么多年来，我一直在努力寻找比我更聪明的人。"

为什么阿里巴巴在当时公司规模还很小的时候，就能吸引这么多的能人愿意为之效力？

为什么很多企业家招了那么多能人，却没用起来？

我们从蔡崇信后来的一段话里，也许能找到答案：

> 这20年来，我和创始人一直分开办公，我在香港，他在杭州，每天通电话。我与创始人合作得很好，他对于任何东西都没有占为己有的感觉。他也很愿意承认自己的弱点，很多强势的企业家都会说"我擅长一切"。从第一天开始，我们就团结在一起。这些年来，我觉得真正行之有效的一点，就是我们能够彼此分享的坦诚态度。

我可以批评他，他可以批评我，当然我们不会伤害彼此的感情。这点至关重要。

他不只信任我，还信任很多以前从来没有见过的人，这是他心地善良的地方，他愿意把很多事情交出去。创业公司最大的瓶颈来自人。阿里巴巴每年都能把外面的人才网罗进来，这是让我非常欣慰的事情。

从蔡崇信的这封信中可见，创始人的胸怀和格局是吸引人才的重要因素。对于企业来说，合伙人团队，或者说你的领导班子，直接决定了企业发展的天花板。阿里巴巴最初的这个合伙人班子，标准相当高，每个人在各自的专业领域都是顶尖人才，阿里巴巴20年的组织建设正是从这里起步的。

2. 2001年："独孤九剑"

从美国通用电气公司（GE）出来的关明生深深明白，一家公司成立三年以上，文化既可能成为其最大的推动力，也有可能成为其业务发展的阻力。所以他进入公司不久就开始着手搭建阿里巴巴底层的文化体系，继而演化出著名的阿里巴巴"独孤九剑"（见图2-4）。

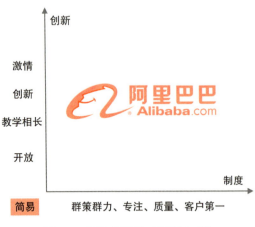

图 2-4　阿里巴巴的"独孤九剑"

注：该图整理自关明生先生的著作《关乎天下》。

新员工从入职阿里巴巴的第一天开始，每天都要记忆和背诵阿里巴巴的价值观，价值观成为考核中占比很重的一部分。当时阿里巴巴内部反对的声音此起彼伏，可后来无数事实一再证明了关明生的观点的正确性：价值观越好的员工，业绩越好；业绩越好的员工，价值观越好。

"独孤九剑"所强调的激情、创新、教学相长、开放、简易、群策群力、专注、质量、客户第一，从企业文化的角度激活了员工对创新的追求、对新业务的渴望，为之后淘宝、支付宝等新业务的创立打下了坚实的文化基础。

3. 2004 年:"政委体系"

2004 年,阿里巴巴的业务开始向全国扩张,同时也面临着巨大的挑战。

一是干部不够用,员工留不住,业务增长快但组织能力跟不上。

二是业务快速扩张,HR 支持的速度和效率急剧下降:总部接收信息慢,HR 离前线远,响应慢,提供的解决方案往往不能满足业务的需求。

创始人从当时热播的电视剧《历史的天空》中得到启发,发现姜大牙之所以能一直打胜仗,是因为身边有一个会做人的工作的政委。于是,阿里巴巴在 2004 年建立了自己的"政委体系",从业务团队中选拔出第一批"政委"奔赴全国,为业务向全国扩张提供了强力支撑。

早期阿里巴巴的 B2B 业务,不但带来了现金流,更重要的是沉淀了文化,培养了人才,建立了管理体系。至此,我们就能够理解,为什么销售驱动型的阿里巴巴后来能开辟出淘宝、支付宝、阿里云等业务,商业模式的创新是一方面,更重要的是前期文化、人才、机制等组织能力的沉淀。

4. 2004 年："六脉神剑"

2004 年，阿里巴巴之前的"独孤九剑"价值观体系升级为"六脉神剑"体系，为员工的行为定下明确的规则，要求所有员工必须时刻牢记"客户第一、团队合作、拥抱变化、诚信、激情、敬业"，并将每一点都细分为五个等级，每个员工都要接受考核。达标者可以获得集团的统一表彰，成为明星员工，而徘徊、不思进取的人，则会被毫不留情地淘汰。

为什么进行文化的升级？因为业务发生变化了，文化也需要发展和迭代，不同的业务要搭配不同的文化。

"独孤九剑"诞生在公司的创业期，当时的核心问题就是生存，所以"独孤九剑"是典型的创业型文化。比如，为什么有"简单"这一条？公司刚成立的时候，如果人际关系很复杂，那么这个公司还能活吗？架构扁平，简单直接就好，不需要太复杂。为什么要"教学相长"？因为那个时候什么都没有，没有知识沉淀，没有成熟的管理者，也没有系统的管理培训体系，所以我们要打造学习型文化，鼓励互相分享。你只要比我多懂一点，你就可以做我的师父，你今天签了单，你就可以分享，正是因为有这样的文化，阿里巴巴在前期没有成熟的管理者和知识体系的情况下，依然打造出了强大的学习型组织。还有"客户第一"，这些都是阿里巴巴早期赖以生存的文化。"独孤九剑"背后就是生存的文化。

到2004年业务扩张到全国,需要能够适应全国扩张的文化,于是有了"六脉神剑"(见图2-5)。在"独孤九剑"时期,九条价值观是并列的;到了"六脉神剑"时期,价值观开始有排序,有分层。

图2-5 阿里巴巴的"六脉神剑"

最底层是修身。每个人都必须有职业素养,比如作为阿里巴巴的一名员工,必须诚信,必须有激情,必须敬业。

中间层是齐家。这一层开始有团队层面的要求,必须团队合作,必须拥抱变化。

最上层是平天下。我们靠什么打天下?客户第一。我们打败所有的竞争对手都是靠"客户第一"这条价值观。

这六条价值观贯穿了一个企业打天下的过程，一直支撑着阿里巴巴的快速发展，直到2019年"新六脉神剑"的出现。

5. 2007年：湖畔学院

湖畔学院是阿里巴巴内部的领导力学院，负责培养内部总监级以上的管理干部。当时的阿里巴巴遇到了发展瓶颈，组织能力跟不上集团战略的布局。公司的战略方向很明确，但是人的能力达不到，老员工的文化素质和能力跟不上新业务的发展需要，而新业务又急需大量优秀的人才。

此外，阿里巴巴当时在全球范围内招聘了很多高级人才，如何才能让这些外来的人才更好地融入阿里巴巴的文化之中，一度成为当时最大的难题。

在这两大问题的困扰下，阿里巴巴当时的高层纷纷进行了反思，并得出了统一的结论：要想组织持续壮大，必须自己培养人才。于是2007年湖畔学院应运而生，开始进行内部领导梯队的培养，为各条业务线输送管理人才。

湖畔学院的培养体系分成三级（见图2-6）：面向高管的领导力发展课程、面向中层管理者的管理进阶课程和面向基层管理者的管理技能课程。

图 2-6 阿里巴巴湖畔学院的培养体系

湖畔学院的成立是阿里巴巴组织发展过程中重要的里程碑，阿里巴巴良将如潮的人才梯队正是源于此，后来在各条业务线上开疆拓土、挑大梁的管理人才，大多都是从湖畔学院走出来的。

6. 2009 年：组织部

在阿里巴巴，考核是文化落地极为重要的步骤之一。尤其是在湖畔学院成立之后，一大批人才逐渐成长起来，但也开始出现良莠不齐的现象，此时便急需一整套考核体系和标准。2009 年成立的组织部便承载了这项使命，成为管理干部的考评中心。成立组织部的主要目的，就是对当时阿里巴巴在全球的 150 多位高管进行 360 度考评和访谈，决定他们的转岗、调动、晋升或离职。

在这个阶段，阿里巴巴的企业文化在"六脉神剑"的基础上又升级出了专门针对高管的"九阳真经"。除了原有的"六脉神剑"，又加入了三条——"眼光、胸怀、超越伯乐"，这是对高管新的要求。

7. 2010 年：企业文化部

2010 年，企业文化部成立。至此，历经 10 年，阿里巴巴的文化、人才梯队、管理机制已经形成一整套相对完善的内部系统，持续迭代创新，支撑业务发展。

8. 2019 年："新六脉神剑"

为什么 2019 年又会有"新六脉神剑"？因为公司的发展阶段和业务场景又变化了，阿里巴巴已经迈入全球市值前 10 名之列，形成一个全球化的商业生态，此时需要的是更加兼容并包、适合全球化的文化，我称之为"绵羊性组织的文化"。

在"新六脉神剑"中，阿里巴巴的企业使命没有变，仍是"让天下没有难做的生意"；企业愿景由原来的"成为一家持续发展102年的公司",升级为"到2036年,阿里巴巴要服务20亿消费者,创造1亿个就业机会,帮助1000万家中小企业盈利"。

"新六脉神剑"的价值观由六句阿里土话组成:"客户第一,员工第二,股东第三;因为信任,所以简单;唯一不变的是变化;今天最好的表现是明天最低的要求;此时此刻,非我莫属;认真生活,快乐工作 。"每一句话背后都有一个阿里巴巴发展历史上的小故事,表达了阿里人与世界相处的态度。

我在这里为大家简单介绍一下"新六脉神剑"的六条价值观。

(1)客户第一,员工第二,股东第三

2006年,在B2B业务上市前夕,阿里巴巴首次公开提出"客户第一,员工第二,股东第三"。2014年9月,阿里巴巴集团正式登陆美国纽交所挂牌交易,与其他公司不同的是,阿里巴巴创始人及其高管并没有登台,而是由八位阿里巴巴的客户代表敲钟。作为一个全球化的商业生态,阿里巴巴的客户群体越来越多元化,但客户第一的价值观始终未变,公司依然坚信"客户第一,员工第二,股东第三",坚信只有持续为客户创造价值,员工才能成长,股东才能获得长远利益。

（2）因为信任，所以简单

阿里巴巴最初的时候流行的是师徒制，人与人之间比较单纯，相互充满信任。因为信任，所以简单，这恰恰是一家公司最需要的核心要素。比如说，阿里巴巴内部员工是以花名来称呼彼此的，这样既显得亲切、不令人拘束，也体现了公司内部人与人之间是平等的。阿里巴巴发展到今天，这种"因为信任，所以简单"的文化一直存在着。

（3）唯一不变的是变化

1999年，刚刚创立不久的阿里巴巴赴硅谷寻求融资。按照惯例，寻求融资必须提供商业计划书。但创始人认为，对变化纷繁的互联网而言，做一份厚厚的所谓详尽的"计划书"反而是忽悠和欺骗。结果，37家硅谷的风险投资机构拒绝了阿里巴巴。创始人随即大胆宣布"I never plan"（我永远不做计划）。历经十几年，商业的变化越来越快，拥抱变化不仅成了阿里巴巴最独特的DNA（基因），也成了互联网创业者最常挂在嘴边的口头禅之一。

（4）今天最好的表现是明天最低的要求

2001年1月，当时阿里巴巴的商业模式还不成熟，营收极不稳定，按照每月100万美元的开支，最多只能坚持半年。

在生死边缘，阿里巴巴设计出"金银铜牌"考核制度，上个月的业绩决定下个月的提成点，也就是说销售人员必须不断超越新高才能持续获得更高收入。众所周知的阿里巴巴"中供铁军"，正是在这套制度的激励下，不断挑战更高目标，不断刷新业绩纪录。2002年，阿里巴巴实现全年盈利。在最困难的时候，正是这样的精神，帮助阿里巴巴渡过难关，活了下来。

（5）此时此刻，非我莫属

1999年9月14日，阿里巴巴在《钱江晚报》上发布了第一条招聘广告。上面的广告语是："If not now, when? If not me, who? 此时此刻，非我莫属。"后来，这句话成了阿里巴巴的第一句土话。它体现了阿里人对使命的信念和"舍我其谁"的担当。公司越做越大，更加需要每个人主动去担当，当出现问题和困难的时候，需要有人站出来解决。

（6）认真生活，快乐工作

2009年2月17日，阿里巴巴提出"认真生活，快乐工作"的理念。它诠释的是工作只是一阵子，生活才是一辈子。工作属于你，而你属于生活，属于家人。所以，要像享受生活一样快乐工作，像认真对待工作一样认真生活。只有认真对待生活，生活才会公平地对待你。这条不考核，留给生活本身去检验。

隐性曲线支撑显性曲线

纵观阿里巴巴业务创新的历程，不难发现，每一次业务飞跃的背后，都隐藏着组织的迭代和升级。而组织的迭代和升级，主要体现在人才梯队、文化建设和建机制三个方面。

1. 人才梯队

早期搭合伙人班子；快速发展阶段成立湖畔学院，搭建管理培养体系；人才培养起来后成立组织部对人才进行考评，把合适的人放在合适的位置上，把人才当作公司最宝贵的资产。这正是阿里巴巴多年来一直良将如潮的秘密。

2. 文化建设

从创业初期围绕生存的"独孤九剑"，到快速成长期打天下的"六脉神剑"，再到为高管量身打造的"九阳真经"，最后到兼容并包的"新六脉神剑"，阿里巴巴的企业文化一直在随着业务的发展迭代和进化。可以说阿里巴巴业务的阶段式飞跃，背后就是一部阿里巴巴企业文化的发展史（见图2-7）！

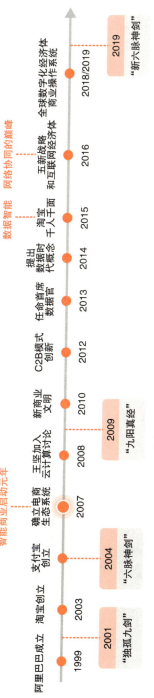

图 2-7 阿里巴巴企业文化的发展史

3. 建机制

2001 年，文化价值观纳入考核；

2004 年，搭建"政委体系"，形成了阿里巴巴独特的业务管理机制；

2009 年，组织部成立，建立高管的人才管理机制。

为配合业务的飞速发展，阿里巴巴开创了一系列独特的管理机制并一直在迭代和发展，甚至创始人自己也说过，阿里巴巴的成功，并不是个人的成功，而是文化与机制的成功！

阿里巴巴能够完成持续的业务变革，关键在于它明白"天晴时修屋顶"的道理。如果我们仔细分析阿里巴巴显性曲线和隐性曲线的发展轨迹，就会发现组织层面的变革总是先于业务变革。也就是说，阿里巴巴总是会在业务变革之前，就将文化、组织调整到适合未来新业务落地的状态。从创立至今，20 多年来，阿里巴巴一直在不断地完善组织，强化文化，打造自己的隐性曲线，才让业务的持续飞跃得以实现。

微软复兴："开着飞机换引擎"

微软是过去 20 年唯一一家连续三次进入全球市值前 10 名之列的公司。

为什么微软历任三任CEO，几经风浪，依然能持续发展，甚至顺利完成变革转型？

假如对于像阿里巴巴这样懂得未雨绸缪、"天晴时修屋顶"的企业来说，隐性曲线是保障业务持续飞跃的基石，那么对于那些经营上出现问题、步入稳定期甚至衰退期的企业而言，隐性曲线在企业跨越非连续性发展的过程中，就是一根改变危局，将企业从泥淖中拯救出来的救命稻草。

伊查克·爱迪思曾经说过，当企业进入衰退期之后，死亡大概率是它的结局；查尔斯·汉迪也明确提到，当企业错过第一曲线的顶点，原有业务不增反减的时候，第二曲线创新很难实现。此时，对于已经开始衰落的企业来说，隐性曲线就是它最后的救命稻草。

在实际的企业经营当中，企业家们经常会犯下"头痛医头，脚痛医脚"的错误。当业务出现危机的时候，就会想方设法地去进行补救。如果企业此时面对的只是一些无足轻重的小毛病，那么对症下药或许会取得一定的成效。但如果企业面对的是发展的非连续性这种根源性问题，现有业务因为不适合已经到来的新商业秩序而出现下滑，那么仅通过业务层面的调整已经无法解决。

说到这里，我们不妨来看一看微软是如何变革的。1999

年微软在比尔·盖茨的带领下达到了第一曲线的巅峰，市值达到 6000 亿美元，可谓风头一时无两。但是到了 2014 年，微软的发展陷入困局，智能手机业务遭到苹果和谷歌绞杀，云计算业务变成了亚马逊的天下，Windows 8 系统成为微软历史上被诟病最多的系统，市值也一度跌至 3000 亿美元以下。

对于当时的微软来说，时任 CEO 的史蒂夫·鲍尔默功在 PC，但过在移动。面对移动互联时代的冲击，鲍尔默在判断和决策上出现的失误，导致微软市值从巅峰时期的 6000 亿美元一路狂跌至不足 3000 亿美元。在当时的媒体眼中，微软的颓势似乎已经不可挽回。

事实上，鲍尔默并没有眼睁睁地看着微软的业务不断下滑，在任职期间，他也曾经做出一系列的调整，如开发 Office 软件解决方案、研究 Dynamics 系统、提供 Bing 搜索引擎服务等，但这些措施都没有取得良好的成效。

直到 2014 年，微软迎来了一位新 CEO，他给这家公司注入了新的生命力。同年，微软开启了云计算、大数据等第二曲线创新，并开始了一系列的变革。2017 年 10 月 20 日，微软市值再度回到巅峰时刻的 6000 亿美元。2019 年 9 月 25 日，微软市值达到了 1.06 万亿美元，成为当时全球市值最高的企业。而做出这一系列变革的，正是从鲍尔默手中接过 CEO 职位的萨提亚·纳德拉。

同样都是业务的变革,为什么鲍尔默最终以失败收场,而纳德拉却成功打破了增长的魔咒呢?关键就在于纳德拉出任微软 CEO 以后,并没有直接调整业务,而是先在文化和组织方面进行了变革。正是文化和组织的变革先行,使后续的业务变革得以顺利进行,微软也借机重新攀登至世界巅峰。这一点,其实也验证了我在前面所提到的隐性曲线的打造要先于业务变革。

在市值达到 5000 亿美元的企业中,能够在短短三年时间内完成组织和业务变革并获得成功的,目前仅有微软一家,所以微软是全球最值得研究的公司之一。从表面上看,微软的业务增长是能被观察到的表面改变,但真正的改变来源于其内部的变革。

微软的显性曲线

我们先来看一下微软的显性曲线(见图 2-8)。图中的灰线代表微软不同业务线发展的轨迹,橙色线则是微软的市值线。

微软公司最初是以比尔·盖茨和他的团队开发的 Windows 操作系统起家的,这也开创了世界 PC 软件开发的

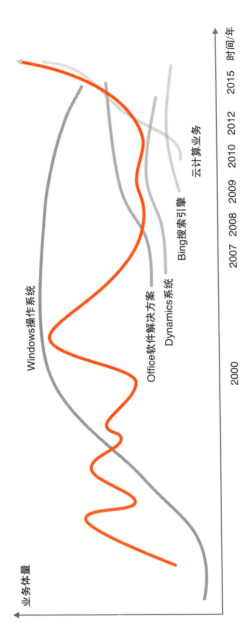

图 2-8 微软的显性曲线（示意图）

先河。比尔·盖茨退休后，鲍尔默于 2000 年出任微软公司的 CEO，并在 2008 年出任微软总裁一直持续到他 2013 年退休。在鲍尔默执掌微软期间，他开发了很多创新业务，如云计算、Office 软件解决方案、Dynamics 系统、Bing 搜索引擎等，但核心业务仍是 Windows 操作系统。

从图 2-8 中我们可以看出，Windows 操作系统在经历了 2000 年的巅峰期之后，其营收一路下滑；在 2007～2012 年鲍尔默主政这一阶段，微软开发的 Office 软件解决方案、Dynamics 系统、Bing 搜索引擎等几条业务线的整体营收增长极为缓慢，这也是鲍尔默饱受业内人士诟病的根本原因。

2013 年 9 月 26 日，鲍尔默决定辞去微软总裁的职位。鲍尔默这样解释自己的决定："也许我是旧时代的象征，我得罢手去做别的事……不管我有多热爱我现在所做的一切工作，对微软来说，开启新时代最好的方法还是引入新领导者加速变革。"

2014 年，纳德拉临危受命，执掌微软。纳德拉之前是微软云计算与企业部门的副总裁，执掌微软后，他进行了一系列大刀阔斧的改革，其中大力开发的最重要的一条业务线，即云计算业务。从图 2-8 中云计算的营收曲线上可以看出，微软云计算业务呈快速增长的上扬之势。

同样是对业务进行变革，为什么鲍尔默开辟的新业务增长缓慢，而纳德拉开辟的云计算业务却能实现快速增长呢？一方面是因为鲍尔默当时的思维还停留在 PC 时代，他所认为的新业务，其实早已发展得趋于成熟，不仅有着稳定的市场，还有领先的头部企业；另一方面是因为纳德拉所选择的云计算领域，依然处在时代的风口，虽然业内已经出现了亚马逊这种强力的竞争对手，但微软同时具备亚马逊所不具备的技术和用户基础优势。

当然，这只是业务层面的表面原因。从企业内部来看，鲍尔默变革失败，而纳德拉转型成功的根本原因，还是后者的业务变革背后有扎实的组织和文化变革作为基础。

微软的隐性曲线

市值超 5000 亿美元，仅用三年时间就取得了变革成功的微软，是全球最值得研究的公司之一。在其业务增长的表面变化背后，是其内部的变革，而这正是我们要重点研究和学习的。

微软的隐性曲线发展轨迹，如图 2-9 所示。2000 年，正值微软的巅峰时期，市值达到了 6000 亿美元，鲍尔默正式担任微软 CEO，并制定了依旧以 Windows 为主的战略。这种以自我为中心的战略，使得公司内但凡与 Windows 有任何冲突的业务都被鲍尔默全部砍掉了。

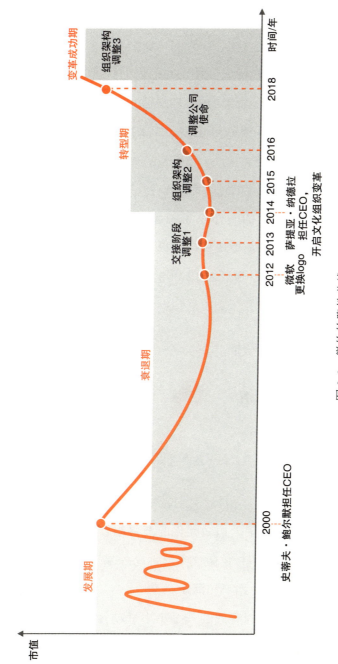

图 2-9 微软的隐性曲线

这直接导致微软错失了移动互联网时代的发展机遇，被同期的苹果和亚马逊等公司远远地超越。在鲍尔默执掌期，整个微软处于长达14年的衰退期，直到2014年纳德拉上任，微软才逐渐走向复苏。

微软是如何用三年的时间走出低谷，完成变革转型的？

我们从2012年的一件小事说起。2012年之前，微软的logo（标识）是由黑色板块和白色板块共同组成的，给人的感觉是公司偏于保守。到了2012年8月，微软换了新logo（见图2-10）。

图2-10　微软的logo变化

新logo由"符号和标示组成"，符号中加入了红、绿、蓝、黄色块，体现了公司多元化的产品组合，也让公司形象变得更加生动。正如一位微软高管所说："新logo在继承的基础上又预示着未来，新奇和清新。"

这看似不经意间完成的一个小小举动，其实拉开了微软变革之路的序幕，种下了开放创新的种子。**任何一家超大型企业的变革，包括成熟期企业的变革，都一定要先进行"文化松土"**，而微软的"文化松土"是从改变 logo 开始的。随后，纳德拉上任，开启了微软变革三部曲。

微软变革三部曲

1. 务虚：重新定义使命、愿景、价值观，改变原有固化思维

2015 年之前，微软的使命是：让所有家庭、所有办公室都有一台计算机。到了 2016 年，纳德拉重新定义了微软的使命：我们将赋能全球每一人、每一个组织，帮助他们成就不凡。

我们再来看一看微软的文化，变革前的微软文化是处于一种固定型思维模式之下的，一切以 Windows 为核心。鲍尔默时代，微软内部有一个不成文的规矩，即一切有可能损害 Windows 作为品牌和主营业务的行为都该被禁止。

而纳德拉时代，微软文化由固定型思维转变为成长型思维。纳德拉的"执政"思想包含三个方面。第一，以用户为核心。与客户交流时，一定要注意倾听，要以一个初学者的心态向客户学习。第二，多元化思维和包容性。不仅仅要倾听，还

要尽可能地让其他人参与进来，让他们也来表达自己的想法。第三，一个微软。一个微软就是一个公司，一个公司就是一个整体，不要各自为政。这三个"执政"思想为微软文化变革奠定了坚实的基础。

2. 虚实结合：以文化的变革和落地，促进战略变革

首先，微软重新定义了公司的愿景、使命，以驱动文化变革。在这个过程中，"同理心"成了纳德拉推动变革的关键词。纳德拉这样说："生活中的经历帮我建立起了越来越强的同理心，也让我对越来越多的人群抱以同理心。"在整个过程中，纳德拉主张有"同理心"的高管要走出办公室，到世界各地去体验自己开发的技术产品是如何影响人们生活的。在战略务虚会上，纳德拉邀请前一年被并购公司的创始人一同参加会议。与此同时，纳德拉在会议期间还引入客户拜访活动，成功拉近了与客户之间的距离。

其次，纳德拉通过追问微软存在的意义与员工的梦想之间的关系，找到组织使命和个人梦想的连接。因为非常重要的是，如果组织使命不能连接个人梦想，那么是不可能驱动员工的。所有微软人要去的地方，就是微软要去的地方。纳德拉通过正念训练的方式，寻找个人梦想和组织使命的连接。他会与

员工进行交流:"你在微软是为了追求什么样的幸福?""你追求的目标是什么?"

最后,纳德拉通过改革提升组织的活力。比如,纳德拉废除了员工排名制度,增加"对他人贡献率";举办黑客马拉松;以客户为中心,与竞争对手开展战略合作;为变革调整组织结构等。以与竞争对手开展战略合作为例。一直以来,苹果和微软是一对旷日持久的冤家。以前在鲍尔默时代,他把苹果当作微软最大的竞争对手。但是纳德拉上任以来,他告诉所有人:"苹果是我的合作伙伴,苹果安装了微软的所有软件和应用。"纳德拉把原来的竞争对手全部变成了自己的战略合作伙伴,正如他所说,"唯有如此,我们才能持续成长"。这一切变化都是源于底层文化和思维的改变,这是微软最重要的改变之一。

3. 务实:微软的组织架构调整,为战略落地做铺垫

在纳德拉接手微软前后,微软一共经历了两次组织架构调整(见图 2-11)。在 2013 年 7 月到 2015 年 9 月这一时间段里,微软还是一切以 Windows 操作系统为核心,但同时开始发力云计算和企业服务,此时微软仍处于谷底。

2015 年 10 月至 2018 年 3 月,微软经历了一段过渡期。

图 2-11 微软的组织架构调整

在过渡阶段，纳德拉并没有把 Windows 操作系统业务砍掉，而是将它与硬件业务合并为个人计算机业务，守住了个人计算机业务的现金流。与此同时，微软扩展以云为核心的企业服务，试水 Dynamics 系统，构建 to B 的企业服务能力。

2018 年 4 月，微软重新调整了组织结构。此时纳德拉彻底打破了 Windows 的王国，把 Windows 整个团队全部拆掉，然后全面聚焦"智能云和智能边缘"的目标，All in（全部投入）智能。直到此时，纳德拉在微软的根基已经很扎实了，他的变革得到了微软上下一致的认可。

在整个变革过程中，有几个非常重要的关键点：

第一，"开着飞机换引擎"。纳德拉原来是云事业部的创始人，他是一个管理经验非常丰富的高手，能够**"开着飞机换引擎"，即在不影响业务的情况下进行变革**。

第二，改变微软文化。从以往的以 Windows 为核心，转变为以客户为中心。

第三，对整个 Windows 团队进行了拆分和整合，完成了组织的迭代。这需要一个有十足勇气的 CEO。

第四，微软开始尝试技术的革新，并确定新技术的引领地位。这也体现了纳德拉长远的战略眼光。不仅如此，纳德拉还从公司本质上重塑了微软的企业文化，并且找到了通往未来的发展之路。可以说，这是微软文化变迁史上一次极为重大的胜利，意义重大，影响深远。

三年的时间，即便是中小型企业也很难快速地完成转型和变革。当所有人都以为微软因错过了移动互联网，很快就会步诺基亚、摩托罗拉等老牌企业的后尘时，纳德拉却用三年的时间，成功帮助微软渡过难关，并使微软市值再次翻番。

谁说大象不会起舞？只要有合适的文化驱动思想，有扎实的组织基础赋能落地，即便是行业内的庞然大物，同样可以灵活地转身。微软的案例，其实也是在提醒各位经营者，尤其是那些日薄西山的行业头部企业的经营者，变革之所以困难，不是因为自身的能力或者发展规模的限制，而是没有找到正确的路径和方法。

不过，微软和阿里巴巴的案例也给我们提了一个醒，与其等待问题出现之后再去想方设法地解决，不如未雨绸缪，"天晴时修屋顶"。

在企业不断壮大的成功实践当中，唯一能被我们复制的，就是组织能力。组织能力提升的隐性曲线，看似不起眼，却是支撑企业持续飞跃、绝处逢生的关键。仔细分析亚马逊、阿里巴巴、微软跨越非连续性鸿沟的过程，我们不难发现在跨越非连续性鸿沟这件事上，三者之间其实有很多相似之处。

第一，三家拥有雄厚实力的企业的价值观逐渐趋同，基本确定了"用户至上"的核心价值观。

第二，三家企业的第二曲线创新都是由使命、愿景驱动，然后通过组织变革实现落地的。

第三，都是由一号位领袖亲自带领变革，并且是文化先行。

第四，都是"开着飞机换引擎"，在保障原有主营业务不下滑的前提下开展创新业务，这就要求操盘手必须是非常成熟的领导者。

虽然它们的业务模式我们无法复制，实操方法也很难模拟，但只要我们能够从自己企业的角度出发去建立属于自己的企业文化，强化组织能力，同样也能通过使命和愿景驱动战略形成，组织保障战略落地，从而完成跨越非连续性鸿沟的目的。

企业要永续增长，必须持续创新，而创新背后最重要的就是隐性曲线的支撑。

本章我们详细说明了隐性曲线的重要性，介绍了隐性曲线的本质和结构。第 3 章到第 5 章我们将进一步阐述隐性曲线落地的三个核心系统：第 3 章介绍隐性曲线是如何贯穿企业生命周期的；第 4 章总结隐性曲线落地时的主要困难和障碍；第 5 章介绍如何搭建一套完整的营运系统，以助力企业打天下。

敲黑板

- 隐性曲线三要素：文化体系、人才梯队、建机制。

- 隐性曲线落地的四项基本原则："天晴时修屋顶""开着飞机换引擎"、文化先行、一把手工程。

- 第二曲线的跨越从研究显性曲线开始，最终落地由隐性曲线驱动。

第 3 章

组织创新:穿越企业生命周期的隐性曲线

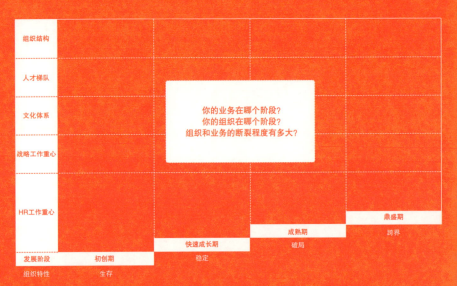

企业在不同生命周期阶段的组织共性

初创期：活下去才是硬道理

什么是初创期

在初创期管理者该如何做

快速成长期：在混乱中建体系

什么是快速成长期

在快速成长期管理者该如何做

成熟期：在痛苦中变革

什么是成熟期

为什么成熟期企业最痛苦

成熟期企业如何变革转型

鼎盛期：跨界与共生

什么是鼎盛期

鼎盛期企业如何构建生态圈

> **开篇思考**
>
> 在初创期,如何招募合伙人?
> 在快速成长期,如何搭建管理体系,以避免系统性风险?
> 在成熟期,如何成功实现变革转型?
> 在鼎盛期,如何建立生态型组织?

通过上一章中对企业增长的第二曲线的剖析,我们发现企业要实现跨越式增长,实现基业长青,最重要的是搭建好组织这条隐性曲线。

对于任何一个企业来说,基业长青都只是一个美好的憧憬。那么,企业奔赴在这条憧憬之路上到底都会遇到哪些问题呢?这时我们就需要重点讲一讲前面反复提过的一个概念——**企业生命周期**。

20世纪80年代末期,美国最有影响力的管理学家之一伊查克·爱迪思在他的著作《企业生命周期》(*Managing Corporate Lifecycles*)中,把企业从初创到消亡的全部过程,按生物的成长路径,分成了10个阶段,分别是孕育期、婴儿期、学步期、青春期、盛年期、稳定期、贵族期、官僚化早期、官僚期和死亡(见图3-1)。

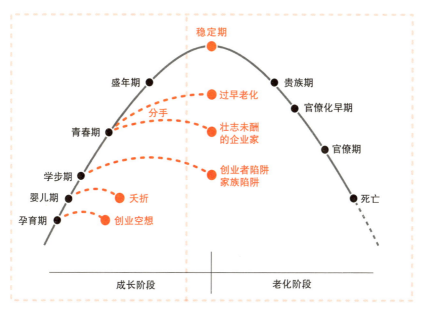

图 3-1　企业生命周期的 10 个阶段

企业的生命周期就像一双无形的手，始终左右着企业的发展轨迹。虽然不同企业在每个阶段停留的时间有长有短，所在的行业、领域不同，所面临的问题也各不相同，但组织发展的规律是有共性的。多年来我们通过为上千家企业做咨询和培训，在企业生命周期理论的基础上，结合中国企业的发展特性，对这个模型进行了优化，总结出了一套可以帮助企业明确自身所面临的主要组织困境并有针对性地解决问题的工具（见图 3-2）。

	初创期	快速成长期	成熟期	鼎盛期
组织架构	扁平、敏捷的组织架构	稳定的组织架构 可持续发展的业务增长体系 可持续发展的人才发展体系 健康的财务管理体系	适应变革的组织架构	生态型组织架构
人才梯队	选拔比培养更重要 选择有高度、能落地的合伙人 大浪淘沙、多专多能	招聘能搭建体系的中高层 搭建内部人才培养体系 打造继任者计划	招聘更高业态的"外星人" 知识结构变迁	平凡人做非凡事 非凡人做非凡事
文化体系	生存文化	传承文化 "跑马圈地" 生存文化	变革文化 生存文化	多元化、子文化形成 求大同，存大异 生存文化
战略工作重心	生存、盈亏平衡 快速验证商业模式	战略共识 设计可快速复制的业务管控模式	共创创新业务 打造第二曲线	看清未来5～10年的发展趋势 确定战略新定位 分阶段构建新生态系统 内部业务协同 打造开放的生态文化 搭建协同生态中台的架构 （搭建小前台、大中台的架构） 激活组织活力
HR工作重心	快速建团队 快速筛选淘汰 基础HR保障	建立人才招聘体系 建立人才培养体系 建立绩效管理体系	新的文化的迭代和融合 组建创新业务的人才梯队 组织架构与管理机制的迭代	你的业务在哪个阶段？ 你的组织在哪个阶段？ 组织和业务的断裂程度有多大？
发展阶段	初创期	快速成长期	成熟期	鼎盛期
组织特性	生存	稳定	破局	跨界

图 3-2 企业在不同生命周期阶段的组织共性

如图 3-2 所示，横坐标代表企业发展的四个阶段，分别为初创期、快速成长期、成熟期和鼎盛期，纵坐标则代表企业经营中的五个重要维度，分别是组织架构、人才梯队、文化体系、战略工作重心以及 HR 工作重心。

企业生命周期研究的是企业发展背后的本质和底层规律。根据图 3-2，我们可以准确地判断自己的企业处于企业生命周期的哪个阶段，了解在这个阶段具备哪些特征，以及在进行组织建设时会面对哪些挑战，并了解其中的原因，最后我们就可以知道如何去建立自己企业的管理系统。这是我们对企业进行自我诊断的重要工具，也是建立企业管理系统的第一步。

接下来，我们首先来看每一家企业都会经历的初创期。

初创期：活下去才是硬道理

什么是初创期

初创期是指创业公司从 0 到 1 的阶段，或者大公司里面从 0 到 1 开创新业务线的阶段。

关键词：生存！

纵观企业的生命周期，企业发展的第一个阶段就是初创期。这是死亡率最高的企业发展阶段，无论是从 0 到 1 的创业公司,还是大公司内部的创新孵化业务,在初创阶段几乎都是九死一生,因此无论是处于初创期的企业还是业务,一切工作的核心都是围绕生存进行的。

在初创期管理者该如何做

我们将从组织架构、人才梯队、文化体系、战略工作重心、HR 工作重心五个维度来分析。

1. 组织架构:搭建扁平、敏捷的组织架构

组织架构是一个企业的骨骼,展现了企业的生存业态,它是基于企业的商业模式、盈利模式(价值链)和发展战略而产生的。无论企业处于哪个阶段,都必须有相应的配套生存业态,这样企业才能向前发展,企业新业务才能顺利向前推进。

初创期,企业需要搭建扁平、敏捷的组织架构。所谓扁平和敏捷,指的是层级不宜过多,从决策到业务前线,再到触达消费者,中间不能超过两层架构,业务线的一把手必须能够直接触达用户。对于每天徘徊在生死线上的初创期企业来说,内部的组织架构必须足够接近市场,并且足够敏捷,因为只有这样,企业才能对市场的变化和用户的需求做出迅速、有效的反应,从而保障自己的生存。

回想一下,在公司初创阶段,你是不是每天都如履薄

冰？担心产品不被市场接受，担心客户不买单……如果你离前线太远，决策流程太长，那么你的企业是很难在快速变化的市场中生存下来的。

我考察过很多企业，发现不少老板和业务管理者对前线业务都不了解，当我问及前线业务时，他们给我的反馈多是"大概""也许""差不多"等模棱两可的猜测。这样的组织架构，对于一个急需快速在市场上站稳脚跟、确保生存的初创期企业来说，显然反应太迟钝了。

采用扁平化组织架构的企业有很多，比如小米就是其中的佼佼者。小米在2010年成立，10年之后，已发展成为一家收入过千亿元的世界五百强企业了。如此迅猛的发展，其原因之一就在于它有一套项目驱动的扁平化组织架构。在这个组织架构中，手机部、电视部等都以业务线为导向，一个产品对应一个业务单元，这不仅使它能直接、快速地把握市场动向，随时随地做出高效决策，还能使团队上下时刻保持一种Day 1的工作状态，从而带领企业快速地向前奔跑。

创业酵母在创业初期，采用的也是极致扁平的组织架构。我和公司的另外两个合伙人，再加上一个外聘的司机师傅，就组成了最早的创业酵母班子。我跟俞头（合伙人之一俞朝翎的花名）负责前线业务，另外一位合伙人负责后台。虽然人手有限，但真正运转起来却效率极高。这就是扁平化组织的力量。

初创期企业，或是大企业中的创新业务部门，它们的组织架构不应该采用成熟企业的层级制，而应该是扁平的、敏捷的，并且各种规章制度和管理方案越简单越好，这样不但能减少管理者的管理负担，而且能够快速适应市场的变化。

2. 人才梯队：选拔比培养更重要

组建创业班子，最重要的就是选对人，这是初创期建设人才梯队效率最高的方式。在这一阶段你选的人对不对很大程度上决定了企业今后的发展，所以有经验的老板在创业初期都会花大量的时间亲自去招人。

今日头条在高速发展的过程中吸引了大量优秀的人才，在被问到背后的原因时，张一鸣总结说：“从2015年年初到年底，今日头条的员工从300多人一下增加到1300多人，肯定不都是我亲自招来的，但还是有不少我亲自沟通的。如今我最多的夜归也是因为去见候选人，有时候甚至从下午聊到凌晨。我相信并不是每个CEO都是好的HR，但我自己在努力做一个认真、诚恳的HR，披星戴月，穿过雾霾去见候选人。”

同样的事情，也发生在小米创立的第一年。雷军曾不止一次在公开场合表示，在创业初期他80%的工作都是在招聘和选拔人才。小米的前100号员工在入职时都曾跟他面对面沟通过，甚至有很多人一聊就是10多个小时。小米手机硬件结构工程负责人第一次面试是在雷军办公室，从中午1点开始，聊了4个多小时。过后他自己半开玩笑说，当时之所以赶紧答应下来，不是那时多激动，而是体力不支了。

那么，在初创期应该如何选拔人才？

（1）如何选择合伙人

通常来说，搭建人才梯队中最重要的一环，是选择创始团队的合伙人，因为对于初创期企业来说，创始团队是组建整个组织的基础，会直接影响创业的成败。

对于初创期企业来说，组建一个团队一起创业的时候，合伙人的选择一定要百花齐放，**求大同，存大异**。求大同，指的是志同道合，有共同的愿景和相同的价值观；存大异，指的是你应该组建的是一支具备多种能力、拥有不同基因、彼此互补的团队。如果合伙人不能在能力方面形成互补，那么在后续的合作、经营中不但不能形成合力，反而会相互掣肘，相互制约，影响企业的正常发展。

之前我在阿里巴巴的一个同事,从阿里巴巴离开后也选择了自主创业。在创业初期,他还曾经邀请我共襄盛举,为了保险起见,我提出先去他们公司参观一下再做决定。但我到了他们公司之后,很快就发现了问题,他找来了很多阿里巴巴的前同事一起合伙,而且这些合伙人原来基本都是销售管理者。这种只具备单一能力的合伙人团队,在创业阶段很难取得成功。所以,最后我也没有答应他的邀约。

当然,除了志同道合和能力互补以外,初创期企业在选择合伙人的时候,还要确保所选择的人才能够同时满足以下四个条件。

第一,合伙人需要具备创业精神。 初创期企业因为刚刚起步,各方面的基础设施尚不完善,而且还要面临各种各样的问题和无处不在的生存压力,所以从0到1的过程,对于创业者和合伙人来说,无异于一次身心的双重挑战。如果初创期企业选择的合伙人不具备创业精神,那么即便他们能力突出、水平高超,也很难坚持下来。

以我自身的创业经历为例,创业酵母刚刚成立的时候,我是第一个员工,俞头是第二个员工,我们两个人主要负责拓展业务的工作。当时，我们每天要拜访10家客户，由于北京的交通状况时常不太理想，为了准时到达约见的地点，尽管我有自己的司机，也很少开车出行，而是选择时间更有保证的地铁出行。我曾经做过一个粗略的统计，当时我们每天在地铁上的时间超过3个小时。

记得有一次，我们俩拜访了一天的客户，最后一家客户约见的地点附近没有地铁站点，我们不得不乘坐出租车前往，结果路上堵车了。为了能够准时到达，我们两个人只能下车步行前往，经过一公里的狂奔后，最终准时到达。我记得那天的星星很亮，天空也很干净，进门之前，俞头突然对我说："我好像找到创业的感觉了。"

我觉得在创业过程中创始人最难能可贵的是能回到 Day 1 的状态。初创期企业为了生存会面临很多挑战，如果合伙人没有坚守的创业精神，他们就根本无法战胜这些挑战。

第二，合伙人需要有一定的格局和高度。 对于刚刚起步的初创期企业来说，创始人和合伙人就是企业的天花板，他们的格局和高度很大程度上决定了公司未来发展的高度。考虑到公司未来发展的需求，初创期企业在选择合伙人的时候，也要以更高的标准来选择有格局、有高度的合伙人。

如果仅仅根据当下创业的需求选择合伙人的话，很容易出现两种情况：其一，企业发展迅速，早期的合伙人跟不上企业的发展，甚至阻碍企业继续增长的脚步；其二，如果早期的合伙人对于企业经营管理的认识高度有限，当企业发展到新的阶段，需要引入更高水平人才的时候，很难说服一些行业内的顶尖人才屈居人下，从而影响企业未来发展的进程。

在选择合伙人这方面，我一直觉得阿里巴巴创始人的眼光非常独到。公司在初创阶段搭建的早期合伙人团队，即便是在今天，无论是关明生还是蔡崇信，依然是各自领域的顶尖人才。

第三，合伙人要有落地的意愿和能力。 换言之，管理者不能高高在上，而是要接地气，因为初创期企业是需要管理者甚至老板深入业务前线的，团队需要手把手地带。也就是说，初创期企业需要的合伙人，不仅要能仰望星空，有一定的格局和眼光，还要能脚踏实地，放下身段，投身到一线的工作当中。

事实上，越是高质量的人才，越是水平突出的高管，往往越不容易融入新的环境当中。而合伙人落地的意愿和能力，直接关系着他们接受新业务、熟悉新行业的速度和质量。很多初创期企业，所选择的合伙人曾经也是其他企业的高管，这样的人在能力方面基本上是没有问题的，关键就在于他们是否能够放下身段，投身到创业的工作环境当中，重回业务一线，躬身入局,迅速了解公司业务,迅速了解客户需求,迅速了解我们这项事业的意义。

第四,合伙人要有足够的耐心,能够手把手地辅导团队,承担起培养员工的职责。对于初创期企业来说,除了跑通商业模式之外,更重要的是文化和人才的沉淀。因此,创始人和合伙人必须承担培养团队的职责。而对于经验有限的年轻员工来说,除了合伙人手把手地教,没有别的更好的成长路径。

我们公司的合伙人,进来的第一件事就是下一线做项目。我们的CFO孟长安,原来是阿里健康的财务副总裁,管理一个很大的团队,主导过美股、港股上市的大型项目。加入公司来跟我们一起创业,也是从0开始做起,来的第一个月就到客户那里做股权激励的项目,迅速地理解我们的客户,迅速地了解公司的业务,迅速地理解我们这项事业的意义和价值。晚上回到公司还要手把手地辅导团队,培养年轻人。

初创期的合伙人都要经历这个过程,即使已经做到了很高的位置也要依然能保持创业精神,既要有格局和高度,又要能接地气,所以我才说对初创期的合伙人要求是最高的。

(2) 如何选拔高水平的人才

除了选择合伙人以外，初创期企业的人才梯队建设，还需要选拔高水平的人才，来负责具体的执行方面的工作。而人才的选拔，实际上是一个大浪淘沙的过程，优秀的人才都是在激烈的竞争中经过优胜劣汰筛选出来的。

阿里巴巴的销售人员为什么实力强大，因为每一个销售人员都是在惨烈的竞争中生存下来的。阿里巴巴在招聘到一批新员工之后，首先会进行集体培训，而我本人就是从第一期销售人员培训班中走出来的。我记得当时同期的新员工有60个人，一年后留下的只有4个人。虽然淘汰率极高，但员工的成才率得到了保证，几乎每一个在培训班中留下来的销售人员，后来都成了独当一面的业务管理者。

这种新人培训被阿里巴巴视为"百年大计"，也叫"阿里百大"，有100多期，每一期都留下最好的人才，留下来的人都有三条共同的优秀品质：第一，价值观正，愿意相信和坚持；第二，有创业的激情，工作起来很疯狂；第三，多专多能。公司天天在变化，很多人后来都轮岗去做创新业务了。这批星星之火，后来形成了燎原之势，为公司的人才梯队奠定了坚实的基础。

（3）为什么初创期企业选拔人才要大浪淘沙

第一，初创期企业没有品牌，没有钱，来的人良莠不齐，只有大浪淘沙，才能淘到最好的人。

第二，留下来的人，要多专多能，价值观和能力也都应是最正的和最强的，这样，星星之火才可以燎原，才能创造平凡人做非凡事的奇迹。

除了这两点以外，初创期企业需要选拔高水平人才，还有一个重要的原因——人才本身具备吸引力，顶尖的人才会吸引优秀的人才，反过来，劣币也会驱逐良币。奈飞（Netflix）早年一直坚持的理念就是：一家公司能给到员工最佳的福利，不是炫酷的团建活动，也不是茶水间好喝的咖啡，而是招募最优秀的员工，让他们可以和行业内最优秀的人一起工作。这才是最好的员工福利，也是一家企业能留住员工的根本！

因此，初创期企业的CEO不仅仅是公司的业务领导，更要是公司最大的HR，去领导甚至亲自参与选拔人才的工作。

3. 文化体系："生存"是文化的核心

初创期企业的文化只有一条——生存，一切为生存让路。

比如，"客户第一"就是初创期企业生存文化当中的重要组成部分。因为没有客户，企业就无法将产品销售出去；没有收益，公司就无法生存。所以阿里巴巴的文化价值观里写着"客户是衣食父母"；任正非多次在华为内部的文化价值观研讨会上强调："华为的生存是靠满足客户需求，提供客户所需的产品和服务并获得合理的回报来支撑的；天底下唯一给华为钱的，只有客户。"这些现象背后所体现的其实都是"客户第一"的生存文化。

在此阶段，你的一切管理都要从企业生存的角度出发，将更多的精力集中在市场开发与产品销售上，以解决企业生存问题为头等大事。**大浪淘沙，剩者为王，企业只有先活下来，才有资格谈发展、谈创新。**

4. 战略工作重心：快速验证商业模式

初创期企业的业务大多来源于创始人的想法，至于业务能否获利，公司能否成功地发展下去，还是要经过市场和客户验证的。所以，对于时时刻刻在生存边缘徘徊的初创期企业来说，此时唯一的战略重心就是围绕客户价值，快速验证商业模式。

初创期企业，对于业务不必过于追求完美，而是要快速验证模式是否行得通，争取在最短的时间内找到一个可复制的、能够实现持续增长的业务模式。否则，企业可能在打磨业务的阶段就被淘汰出局，更遑论进入快速发展和成长阶段。

5. HR 工作重心：快速建团队

在初创阶段，所有团队的工作核心都是为了保证企业的生存，对于 HR 来说，他们此时的核心任务就是以下两件事。

第一，做好招聘。公司太小，抗风险能力太弱，若招进来的人不合适，会令公司面临很大的风险；同时，这时期的招聘工作很难做，公司没钱没品牌，但又不能降低标准。因此，招聘是这个阶段 HR 的核心任务。我在第 5 章会详细介绍做好人才招聘的工具和方法。

第二，打造有温度、有凝聚力的团队。早期创业的条件是很艰苦的，当前线战友们奋斗一天风尘仆仆地回到公司时，是不是有温暖的笑容和拥抱、两三句鼓励的话和一碗热气腾腾的汤面等待他们呢？

创业酵母在 2014 年刚创办的时候，我的司机单师傅还管着我们的伙食。每次拜访了一整天客户回来后，我们累得不想动弹，单师傅就会下厨给我们做红烧排骨。大家一边吃一边聊当天的收获和感受，这是一天中最幸福的时刻。

创业很艰难，此时组织最大的力量就在于团队的温度和凝聚力。

快速成长期：在混乱中建体系

什么是快速成长期

进入快速成长期的企业已经有了经过市场验证的可复制的商业模式和产品，文化和人才有了沉淀，业务以超过 30% 的比例持续增长。

关键词：在混乱中建体系

经过初创阶段对商业模式的不断试错，企业已然找到了一条行之有效的盈利途径。走到快速成长阶段，企业的工作重点自然就是通过扩大团队的规模，实现盈利的指数型增长。但在业务高速扩张的背后，机制和组织层面的问题会不断涌现，各种各样的问题交织在一起，形成了一种我们称之为"混乱"的状态。

2017 年，某企业的 CEO 到杭州找我，希望我们给他的企业做诊断。当时他的企业有 1000 多人，发展很不错。我跟他聊了很多，并做了高管层的逐一访谈，在访谈过程中，我发现这家企业已经出现了很多快速成长期的问题，但高管层并没有意识到，改变的时机还未到。

2019年，他又一次来找我，跟我说他刚刚融资几十亿元，新招聘员工数量达到了5000多人，但他觉得自己的公司遇到了巨大的挑战。用他自己的话说，这5000名新员工当中至少有50%不合适，盲目的扩张使得人效下降，同时还稀释了文化。

与此同时，管理者不具备管理大团队的能力，团队规模的扩大让管理者疲于奔命，原本100人的团队，一下子扩充到500人，管理者都累倒进了医院。而且，为了让这个庞大的组织可以继续运作下去，他自己开始疯狂地学习，学了各种流派的管理体系，但落地的效果却非常有限，各个体系、工具之间时常出现冲突，除了让自己劳累不堪，加重其他管理者的工作负担以外，并没有起到提升管理效率的效果。

幸运的是，这家企业的CEO及时发现了问题，并且下定决心改变这一切，及时刹车，让组织慢下来，重新回到慢就是快的发展路径，停下来做组织升级。现在，这家企业已经成为其所在行业第一梯队的品牌。

这个案例告诉我们，在快速成长期，企业潜在的危险性是极高的。**快速成长期企业所遭遇的混乱和问题，对企业家来说是既幸福又痛苦，是"成长的烦恼"**。幸福在于无论有多少问题，业务都在增长；痛苦在于组织处于无序的状态，始终跟不上业务的增长。

在快速成长期为什么要搭建管理体系

我们分析了众多从初创期跨越到快速成长期的企业案例，发现在快速成长期，企业有三个致命的系统性风险。

1. 决策靠老板，缺少决策机制

初创期的很多决策，通常都是老板或者业务管理者直接拍板，效率很高。但如果进入了快速成长期之后，还是由个人决策，没有建立决策机制，那么很容易形成老板"一言堂"，这对快速成长期企业来说是有巨大风险的。

2. 管理凭感觉，缺少业务精细化管理体系

刚刚度过初创期进入快速成长期的企业，往往缺少大规模团队的科学管理方式和精细化管理体系。管理者习惯于凭感觉做管理，缺少流程，忽视数据，给业务的发展带来非常大的不确定性。业务的流程化、标准化、跨区域管理、前中后台协同等，都是这个时期业务管理的典型场景和巨大挑战。

3. 架构无风控，缺少监督机制

初创期企业，组织架构扁平，职能单一，往往只有一城一地的管理，管理的幅度和半径并不大，但进入快速成长期后，纵向汇报层级增加，横向职能部门多元化，管理半径也从一个城市快速扩大到多个城市，管理的难度和复杂度大大增加，如果没有相互协同和监督的机制，潜在的风险是巨大的。

我刚从阿里巴巴离开时，曾在一家投资机构做投后管理。在这期间，我进入一家公司，协助CEO进行组织建设。这是一家快速扩张的公司，业务发展极快，但没过多久，我就发现这家公司的管理系统存在很大的风险。

首先是**人才招聘**中的风险。这家公司业务发展很快，团队扩张速度也很惊人，每个月招进来1000多人，近半年新入职员工有6000多人，由于没有规范的招聘流程和严格的用人标准，最后都是由人力资源总监一人决定的。这家公司的人力资源总监并不是一个专业的HR，而是老板创业时的一个老朋友。走后门、拉帮结派本是HR从事招聘工作的大忌，但这位总监恰好最热衷于这些。他甚至自己成立了一家猎头公司，每个月向企业输送"人才"，从中收取费用。而最关键的问题在于，他向企业输送的并不是精英人才，而全都是各种关系户，人才招聘质量可想而知。

其次是**业务管理**中的风险。公司的业务团队分南北两个大区进行管理。北大区总监在管理过程中实施的是体系化管理，善于运用各种管理工具，追求数字化和流程化，非常科学、理性和规范；南大区总监却恰恰相反，他在管理时从不看数据、流程，也不看业务盘面，他的管理方式接近于情感绑架，他跟每个大区经理做Review（复盘）的时候，都是说兄弟你给我好好干，你不好好干就是对不起我，完全不是理性的管理方式。

最后是**组织架构**中的风险。公司扩张速度很快，短短几个月就从一个城市发展到全国100多家分公司，最快的时候一个月开了25家分公司。高速扩张之下，经营难免粗放，分公司总经理不是从总部派过去的，而是由当地有资源的人担任；总经理自己组建团队干业务，分公司的财务和人事不向总部汇报，而是直接汇报给分公司总经理，缺少总部的集中管控机制。

在这样的管理模式下，整个组织是非常脆弱的。内部，造成了很多的混乱；外部，在竞争对手强大的"挖人"攻势之下，完全没有任何抵抗风险的能力，很多分公司人员集体跳槽，分公司总经理带着客户和团队离开。最后，不到半年这家公司就倒闭清算了。

看过第 1 章的朋友应该能明白,这是典型的"快就是慢"的发展路径。在快速成长期,混乱是常态,解决的方法是回归组织建设,一步步搭建体系,去抵御快速成长期的系统性风险。因此,在这一阶段管理者的核心任务就是在混乱中建体系,从无序到有序,建立公司的各项管理制度。只有建体系才能规避整个公司组织层面的系统性风险,才能够让你从每天"救火"的忙乱中走出来。没有建立这个体系,你永远走不出来,每天都要"救火"。

那么,企业要如何建立体系才能顺利、平稳地度过快速成长期呢?

在快速成长期管理者该如何做

1. 组织架构:建立稳定的组织架构

在创业初期,企业的管理者比较被动,就像救火队员一样,哪里有情况就先顾哪里,先把问题解决再说;而到了快速成长期,企业就必须建立管理体系和流程,先进行规划,再进行事务分工。

《企业生命周期》的作者爱迪思就曾形象地总结了企业从初创期到快速成长期的组织变化,他认为,这是从创业者一个人的马拉松赛变成团队的接力赛。所以，此时企业的组织架构必须有所改变。

2016年11月，小米的员工超过了一万人，雷军说："很多公司在一万人的时候，如果不做组织结构再造，不改进精细化管理，那么企业压力就很大了。"雷军采取了一种层级直接监督机制，将权力下放给七个合伙人，这七个合伙人拥有较大的自主权，并且彼此互不干预。而负责相同业务的部门都分布在同一楼层中，每一层由一个合伙人负责。合伙人在各自分管的领域内负责管理监督，从而形成了"联合创始人－部门负责人－员工"这样的三层组织结构。在这种组织架构下，小米的发展速度非常快。

从总体来说，企业应该建立一个更加稳定的、有体系支撑的、既能相互协同又能相互制约的组织架构，实现从过去无序的合作逐渐向体系化的协同过渡。

2. 人才梯队：重塑人才梯队

当企业进入快速成长通道并进一步扩张时，仅靠创始人和合伙人带领企业发展是不够的，他们也很可能会在某些方面存在短板。所以，无论是为了应对业务的扩张，还是强化组织的能力，企业都应该建立自己的人才培养体系，重塑人才梯队。

此时，人才梯队的建设有两大挑战：

- 老的管理干部跟不上；
- 大量新招聘的管理者不能适应企业的生存和发展需要。

在快速发展期人才梯队的建设有三大核心，分别是选拔能搭建体系的中高层管理者、搭建内部人才培养体系、打造继任者计划。接下来，我会逐一进行讲解。

（1）选拔能搭建体系的中高层管理者

在初创期，组织架构扁平，职级简单，老板和几个合伙人带着团队深入一线干活儿就行，而到了快速成长期，随着团队规模的快速扩大，组织能力跟不上业务发展的问题变得越来越明显。一个管理者最佳的管理半径在 8～10 人，当人数急剧增加时，就需要更多的管理者，同时也需要各项管理制度进行辅助。

很多企业家问我，现在业务发展很快，明年团队人数要增加一倍，怎样快速招人？我通常会提醒他们，一个企业能招多少人并不仅仅是由招聘决定的，还由这家企业的管理能力决定。当你想要招聘 1000 人的时候，要想想你是否有足够多的管理者，是否有相应的培养体系、管理机制，如果组织的管理能力承载不了这么多人，那么招这么多人对企业来说就是个灾难，员工终究会离开。

因此，在这个阶段要优先选拔能搭建体系的中高层管理者，他们的主要职责就是帮助企业建立各项流程体系，比如人力资源体系中最核心的四个体系——招聘体系、培养体系、文化体系、绩效考评体系，业务的各项流程体系，战略决策制度、目标分解制度、业务到执行的跟踪体系、敏捷的业务中台体系等。

（2）搭建内部人才培养体系

中高层管理者通常具备融会贯通的体系化能力，可以从外部空降，但基层管理者最好还是从公司内部培养选拔。原因是基层管理者往往还没有形成融会贯通的能力，跨越到一个新行业或新业务的时候，很难快速完成能力的迁移，而基层管理者最重要的就是拿结果的能力，并且要对业务有深刻的理解。而且，如果基层管理者都空降，那么也会减少员工的内部晋升机会，打击员工的信心。因此，中高层管理者可以空降，但基层管理者最好内部培养。快速成长期企业必须建立自己的培养体系，要把文化和人的能力都传承下去，不断培养内部的人才。

（3）打造继任者计划

继任者计划，也叫接班人计划。

很多老板羡慕一些大企业能涌现出一波又一波的人才助力企业发展。那么良将如潮的秘诀是什么？就是打造继任者计划。比如阿里巴巴现在各个事业部的 CEO 和核心管理者，都是 10 多年前被选拔出来进湖畔学院接受持续培养，一路日积月累地成长起来的。

我相信很多 CEO 都曾经遇到过这样尴尬的场景：下面有一位部门负责人业绩很出色，能力很强，但一直没法晋升他，因为如果他晋升了，他在新的业务线未必能继续取得成功。但有一点是确定的，就是从他的团队里如果挑不出能顶替他的人，原来的这块业务就会下滑甚至崩塌。这就是典型的没有接班人的苦恼。如果我们建立了管理者继任计划，就能有效避免这样的问题。

IBM的"长板凳计划"

在棒球比赛中，棒球场旁边往往放着一条长板凳，上面坐着很多替补球员。每当比赛要换人时，长板凳上的第一个人就会被换上场，而长板凳上原来的第二个人则坐到第一个人的位置上去，刚刚换下来的人则坐到最后一个位置上去，这种现象与 IBM 的接班人计划非常相似。IBM 的"长板凳计划"由此而得名。

IBM 每个主管级以上的员工在上任之始，都有一个硬性目标，需要制订自己职位的接任计划，确定自己的位置在一两年内由谁接任，三四年内谁来接任，甚至假若你突然离开，谁可以接替你，以此发掘出一批有才能的潜在人才。

由于接班人的成长关系到自己的位置和未来，所以每个管理层都会尽力培养他们的接班人。结果就是 IBM 优秀的接班人层出不穷，源源不断地输送到全球各个重要的管理岗位，为 IBM 的持续发展、快速扩张奠定了坚实的人才基础。

在阿里巴巴创业的早期，关明生曾经对"中供铁军"的创始人李琪反复强调，一定要培养团队。李琪喜欢踢球，他把培养团队的价值做了一个形象的比喻，**"就算是贝克汉姆，如果他不听话，我也可以让他坐冷板凳"**。

组织不应该被人才绑架，铁打的营盘流水的兵，干部能流动起来的组织，才是健康的组织，但干部流动的前提是要有充足的接班人储备。

3. 文化体系：注重文化的"扩张"与"传承"

除了生存之外，最重要的就是"扩张"与"传承"。处于快速成长期的企业，就像一架起飞后爬升的飞机一样，发展势头正猛，这时的企业文化应该有两个特征。

第一，为了配合业务的高速增长，整个企业应该有一种"跑马圈地"的意识，积极进取、大胆开拓，鼓励团队创新，鼓励团队 PK，增强竞争意识，以便快速开拓和占领市场。

第二，在团队快速扩张的同时，企业文化会被大大稀释，这时文化传承就显得尤为重要。不重视文化传承，很多初创期优秀的价值观和文化传统会慢慢流失，严重时甚至可能导致企业原有的使命、愿景、价值观荡然无存，因此在快速成长期必须做好文化传承的工作，让企业的使命、愿景、价值观薪火相传。

4. 战略工作重心：设计可快速复制的业务管控模式

管理学大师彼得·德鲁克曾说过："当今企业之间的竞争，不是产品之间的竞争，而是商业模式之间的竞争。"而商业模式之间的竞争包含两个方面：一个是模式的正确性，另一个是模式的可复制性。

一切战略都是围绕客户价值产生的。成功度过初创期的企业，自身的产品和商业模式实际上已经经过了市场的验证。所以在快速成长期，企业依然要紧紧围绕客户的需求，提炼过往的成功经验，形成可复制的商业模式，并且将其移植到更大范围的市场当中，从而实现业务的快速增长。而想要实现这种快速的复制，企业需要将过去的成功经验标准化、模式化、流程化，从原本粗放的经验中细化出可复制、可管控的业务模式。

5. HR 工作重心：打造规范的人力资源管理体系

对于快速成长期企业而言，规模的扩大是自然而然的事情，这也为 HR 提出了新的工作重点，即强调规范化管理，打造规范的人力资源管理体系，如建立人才招聘体系、建立人才培养体系、建立文化传承体系、建立绩效管理体系等，用各项制度来明确员工的责、权、利。同时，HR 要配合老板和财务部门启动股权激励计划，使得企业的快速发展与个人的发展真正挂钩，从制度上保障个人和组织的连接。

快速成长期是一个企业发展最快的时期，但同时这个时期也充满了各种各样的陷阱和危机。飞速增长的经营数据、滚滚而来的巨额融资，容易让经营者沉溺在飞速增长的表象中难以自拔。

"笑到最后才笑得最好",**市场考验的不是企业的增长速度,而是增长的持久性,只有剩者方能为王**。因此,在高速发展的过程中,我们一定不能忽视组织能力的相应提升,要以逐渐稳固的组织来持续赋能业务的平稳增长,这样发展才能长久。

成熟期:在痛苦中变革

什么是成熟期

在现实当中,很多人认为企业的体量增大了、人员增多了,企业就进入了成熟期,这是不对的。企业的成熟期是以企业业绩的增长来衡量的,通常当企业连续三年的业绩增长低于10%,或基本不增长,甚至出现下滑趋势时,企业就进入了成熟期。

关键词:变革

为什么成熟期企业最痛苦

成熟期是比较尴尬的一个阶段,因为企业不再增长了,必须通过第二曲线的创新业务实现新的增长。很多传统行业的成熟期企业,经过多年的发展已经形成了相对成熟的文化理念、管理制度和组织架构,以及与此配套的规则规范,并形成了一定的组织惯性。

我曾经在拜访房地产领域一家龙头企业的时候,看到一整面墙的组织架构图。在惊叹于这家企业精细化布局的同时,我也看到了这家企业因为组织不再敏捷而存在的问题,比如架构太复杂,决策流程过长而致使员工积极性降低,组织活力降低;大家对于已有的成熟业务、组织架构和技术有很强的依赖感。这时候企业是缺少创新土壤的,很难生长出创新业务。

比如我们前面提到的微软的案例,"Windows对于微软的意义是不允许被动摇的",当这种意识已经固化在他们的思想当中时,创新如何实现呢?所以纳德拉上任后的第一个重大变革,就是直面现实,提出"Windows作为微软核心增长引擎的历史使命已经结束",打破了公司发展以Windows为核心的单一的僵化思想,组织里才不断有新的想法、新的活力和新的机会涌现出来。

之前,我们曾经服务过一家市值超过千亿元的快消品企业。因为其自身在行业内已经属于绝对的龙头企业,原有的业务也逐渐趋于稳定，所以为了实现持续的发展，这家企业开始开拓自己的创新业务。但努力了很长时间，创新业务始终不见起色，于是他们找到我们寻求帮助。

经过几次接触，我很快就发现了他们创新失败的根本原因。作为一家老牌的快消品企业，过去之所以能够得到消费者的认可，在很大程度上是因为优质的产品和不计成本的广告。但这种传统的零售模式，现在已然行不通了，消费者购买的习惯和渠道都发生了巨大的变化，而他们还停留在过去的辉煌当中，沿用着过去的经营模式、组织架构以及文化思维。

成熟期企业想要走出困境，重新焕发活力，变革是唯一出路。但变革并不是一个简单的课题，我接触过大量的企业变革案例，发现 **99%的企业变革都是失败的**。

之前我们曾经服务过一个客户，它是一家本地服务平台，同时也是行业内的龙头企业，拥有1000多家门店，中后台人员上千人，一年交易额近百亿元，年利润数亿元。而且企业文化非常强大，一直在赋能企业的成长。

但是，就是这样一个优秀的企业，在找到我们之前的两年里，也出现了业务连续下滑、年净利润下降50%的状况。

通过诊断我们发现，虽然该企业的文化非常强大，但管理机制却存在巨大的问题，企业内部的组织架构极其混乱。

当时，该企业从上到下，从管理层到前线业务人员，再到中后台服务人员，几乎都处于一种抱怨状态。管理层觉得每年向市场投入1亿多元，但业绩不增反降，业务人员太不给力！前线业务人员则认为，一线团队这么辛苦，管招聘，管培训，管考评，还要负责业绩，老板还不满意！

通过对中后台的访谈，我们发现集团内部人员也很痛苦，因为他们根本不知道企业中的一些部门为什么而设立，比如总部设立了一个创新部门，而创新是不可能关起门来做的，必须深入一线，了解客户和市场的变化，但前线业务部门又不支持，创新业务也推不下去。

在我们接到这个咨询项目之前，这家企业的CEO已经花了八个月的时间进行组织架构的调整，但效果并不理想。关键的问题就是，虽然他意识到了组织的重要性，但完全没有找到问题的根源所在，所以在这种情况下设计出的变革方案，自然推行不下去。

为什么99%的企业变革是失败的？

因为真正的企业变革不仅是表面上业务的变革，还有背后组织和文化的变革。企业要在一个稳定发展的状态下突然实行变革，而且从文化、使命、愿景，到组织架构、人才梯队，再到绩效考评等全都要变革，这必然是一个痛苦的过程。

在变革中，首先会遇到文化理念的冲突。一般来说，企业的文化形成三年以后，会逐渐趋于成熟，这时候文化既是企业发展的最大动力，也可能成为变革的最大阻碍。组织的衰老和人的衰老是一样的，刚开始都是不易察觉的，但在这个过程中会不断感受到创新力和活力的丧失，到一定程度就会引爆。

此外，许多人不愿意变，除了文化影响之外，背后还有什么原因？利益。变革中新的业务需要新的架构和管理机制，一定会改变原有的利益分配结构，必然会遇到非常大的阻力。这也是导致绝大多数企业变革失败的重要原因。

成熟期企业如何变革转型

我研究了大量企业变革的案例，发现企业至少需要完成三层变迁，才能真正实现变革的成功，即**文化变迁、人才和知识结构变迁、组织架构变迁**。这三层变迁，每一层都相当于一场革命（见图3-3）。

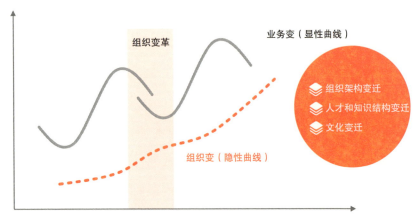

图 3-3 企业变革的三层变迁

1. 文化体系：树立变革的文化

变革的三层变迁是有顺序的，第一步是文化的变迁，不同的业务要搭配不同的文化。

如图 3-4 所示，我们可以看出阿里巴巴创新文化的变革。淘宝在诞生之初，作为阿里巴巴的一个创新业务，业务模式和用户相对于 B2B 都发生了巨大的变化。B2B 是典型的销售铁军文化，而淘宝更侧重于在线的运营和服务，因此在"六脉神剑"的文化基础上，衍生出了淘宝独特的创新文化，以适应新业务的发展。

B2B （铁军文化）	淘宝 （武侠、倒立、小二文化）	存大异
有情有义、纪律严明	生态协同、服务精神	
勤奋、执行力	创新、好奇心、"换个视角看世界"	
对客户的称呼："老板"	对客户的称呼："亲"	
过程、业绩	新的积极的变化	
小蜜蜂奖、奶牛奖、百万俱乐部	创新奖、芝麻开门奖	
PK、对赌	赛马、协同	
"六脉神剑"		求大同

图 3-4　阿里巴巴的文化变革

但文化的变迁往往也是最艰难的。我帮很多家企业做过文化共创会，每当进行文化价值观的讨论时，高管们都会争吵不休，大家谁都不想让别人撼动自己的信仰。

文化是企业中每个人的信仰，是一种组织惯性，你要进行组织升级，就需要改变这种惯性。否则，你的文化不开放，没有创新的土壤，员工的新想法就无法成型，企业的新业务就无法落地，引进的创新人才也留不住。

只有先在思想上达成共识，完成文化的变迁，才有可能做其他的改变。很多企业变革失败的原因就在于一上来就轰轰烈烈地调架构、改制度、换人员，而忽略了"文化松土"，思想上没有达成共识，很多人都反对，那变革自然也就无法推动落地。

微软的市值一度从6000亿美元跌落至3000亿美元，其原因就在于微软没有找到好的转型方向。直到2014年，微软开辟了云计算、大数据这条新的业务发展曲线后，市值很快回升，如今已达到1万多亿美元。

微软的业务增长是我们能看到的变化，但真正的改变其实源于其内部的变革。微软以前的文化理念是以Windows为核心，2015年年初萨提亚·纳德拉上任后，首先明确了微软基于成长型思维的文化理念，并将"以Windows为核心"的理念变为"以客户为驱动"，重新定义了微软未来10年的愿景、使命和价值观，这也是微软成立以来第一次大规模地对内、对外公布自己的文化和价值观。纳德拉也坚持CEO对文化变革直接负责的态度，无论是在公司内部大会上，还是在接受外界媒体采访时，他都会一直强调企业文化的重要性，并用一些具体事例来为企业文化元素进行注解。

试想，如果微软始终坚持"以Windows为核心"的思想不改变，那么如何能开发出不同的创新业务？

2. 人才梯队：搭建创新团队，引入更高业态的"外星人"

变革的第二步是人才和知识结构的变迁。

新的业务，新的领域，意味着企业的知识结构需要进行升级，一些过去我们可能没有涉及的新知识领域，会成为变革成功的关键因素。企业要改变人才和知识结构，那么势必要引进新人才，或者提升老员工的能力水平，学习新的知识和技能，打破原有的知识体系和认知边界。从外部直接引入更高业态的"外星人"，补充企业缺失的商业基因和知识结构，就显得格外重要。一方面是因为企业创始人或跟随企业成长起来的管理者，在变革的过程当中，很容易出现"当事者迷"的情形；另一方面则是因为我们所认为的新知识，对于更高业态的外部人才来说，早已了然于胸。

基于此，企业引入的高业态"外星人"必须具备一定的特质，其中最重要的就是要具备企业变革成功的经验。这样的职业经理人进入企业后，才有可能与原来的管理团队继续战略共创，共同探讨第二曲线的发展问题。

同时，企业引入的人才还要尽可能与创始人达成愿景一致和能力互补，换言之，既要志同道合又要能够相互补位。

比如，2001年谷歌创始人拉里·佩奇和谢尔盖·布林聘请埃里克·施密特担任谷歌的CEO。过去在Novell公司任董事长兼首席执行官，负责公司的战略规划、管理和技术发展的施密特，与专攻技术的两位创始人之间产生了良好的化学反应，在2001年至2011年间，三人同心协力，将谷歌推到了行业头部的高位。

3. 组织架构：建立适应变革的组织架构

变革的第三步是组织架构的变迁。在成熟期，企业原有的业务已经逐渐走向巅峰，需要新的创新业务来提供继续发展的动力。前面我们已经反复强调过，企业的组织架构，实际上是为了保障企业的业务战略能够顺利落地而构建的，因此**战略变，架构调**。在这个阶段，企业的组织架构，也应该向能够适应业务变革、快速实现转型的组织架构去演变。

4. 战略工作重心：打造第二曲线

处于成熟期的企业，固化的不只有文化、组织，还有业务。组织需要变革，业务同样需要。所以，在成熟期的战略重心是继续围绕客户价值发展企业的第二曲线，从客户的需求出发共创创新业务，为下一阶段的发展找到新的增长点。

成熟期企业在战略规划上需要积极去探索创新业务，寻找到新的业务赛道。否则，企业到了成熟期却没有新市场可开发，那么企业增长就会趋缓，原有的业务也很容易受到威胁，甚至会直接导致企业走向衰退期。

5. HR 工作重心：为变革的顺利实现充分赋能

企业的组织架构和文化战略要实现变革，必然会促使 HR 的工作重心发生变化。首先，HR 应该加速营造新的变革文化，并推动变革文化在企业当中的落地。因为成熟期企业最大的命题就是实现业务和组织的变革，而作为影响战略设计，从而引导组织变革的企业文化，自然要先一步实现落地。

其次，随着新的创新业务出现，企业自然也需要新型人才来运营。所以，HR 要根据新业务发展所需的人才能力模型，去制订招聘计划，招揽合适的人才，搭建人才梯队。

最后，为了帮助创新业务更快、更好地落地，HR 还需要尽快迭代企业的组织架构和管理结构，来适应新的业务体系。

总之，进入成熟期的企业，平静的表面下往往暗流涌动，企业必须及时准确地诊断出自己所处的生命周期阶段，继而采取相应措施实施组织结构调整，强化职业化管理能力，实现文化的变革与升级，激发组织活力，从而带领企业快速破局。

在我们服务过的企业中，有一家名叫"沈师傅"的食品企业。这家企业的创办源自父亲对女儿的爱，创始人沈老先生因女儿从小不喜欢吃蛋黄，进而发现很多家庭都有类似的苦恼，于是产生了要做出每个孩子都喜欢吃的鸡蛋这一想法。历经八年的时间、上千次试验，他终于通过37道工艺研发出了美味的鸡蛋干，开创了鸡蛋方便食品加工的新品类。2019年，沈师傅经典单品鸡蛋干的市场占有率达到近30%，成为当之无愧的蛋制品行业领军者。

但与此同时沈师傅也面临着巨大的挑战，蛋制品食材是相对小众的市场，整个市场空间只有几十亿元，业务的发展遭遇了天花板，增长变得异常艰难。2020年年初暴发的新冠疫情更是雪上加霜，导致库存积压严重，工厂被迫停工，企业陷入前所未有的困境。

此时担任CEO的沈强先生，刚刚从父亲手中接过企业的管理权，正在寻求在线化转型的道路，但转型之路困难重重。原来沈师傅做的是蛋制品的食材，为餐厅和农贸市场供货，极度依赖经销商，现在要转变为休闲零食，面向大众消费者直接售卖，整个业务流程都要彻底改变。而业务变化的背后正是我们前面提到的变革中的三层变迁。

文化的变迁：从 to B 转向 to C，团队的思维和理念急需转变。

人才和知识结构的变迁：原来主要做经销商管理，现在要做在线运营，要做电商直播，对人才的要求完全不一样了。

组织架构的变迁：新的业务需要的架构、管理机制和协同方式与之前完全不同。

面对这些问题，我们来看看沈强先生是怎么做的。

第一，想办法转变团队的思维。疫情期间我刚好在做关于在线化转型的直播，他就带着团队每天来直播间学习，一步一步地给团队植入新的思想理念。

第二，带头做创新业务，尝试新的在线营销模式，并且从各个岗位抽调了一些年轻有想法的伙伴组成了一个创新小分队（现在的电商部门的前身），每天研究新业务的方法策略。前面我们讲过，变革是一把手工程，一把手必须亲自带队，躬身入局，否则新业务开展不下去。这是成败的关键。

第三，重新设计了在线业务流程，一边开拓新业务，一边总结新经验，累计总结出 80 多条新的管理经验，对在线业务做精细化运营管理，比如设计了整套直播管理流程。

很快，在线业务有了流量，2020年2月刚开始直播时只有200多人关注，一个月后关注量突破5000人次，之后每个月都在增加。与流量成正比的就是业绩，到了4月，营收就已超越2019年同期，在疫情最严重的时候业绩反而逆势增长。最重要的是，跑通了第二曲线的创新业务模式，彻底从一家极度依赖经销商的传统线下企业，转型为线下经销商与在线电商运营共同发力的新兴企业，产品也从餐厅食材转变为大众休闲零食，企业焕发出了新的活力，可以说是涅槃重生了。

大多数企业都在初创期、快速成长期和成熟期三个阶段内循环成长（见图3-5）。

图3-5　企业生命周期的发展路径

在初创期，企业跑通商业模式，解决生存问题，进入快速成长期；在快速成长期，大量复制业务模式，企业高速增长，直至业务成熟稳定；在成熟期，增长停滞，很多企业就此衰落，除非找到第二曲线创新业务，成功实现变革，开启新的增长。而成熟期企业开启创新业务后，将会重新步入初创期，开始一个新的轮回，组织将获得新生。这就是企业通过开创第二曲线实现基业长青的秘密。

但成熟期企业的创新业务孵化成功率往往很低，为什么？

我们通常认为大企业有钱、有人、有资源，做创新业务一定比从0开始的创业公司要有优势，其实不然。大企业创新业务和初创期企业都面临同样的生存挑战，需要有极浓的生存文化和极强的危机意识，老板需要放下身段深入一线，手把手带团队，拿结果。但大企业通常会从成熟业务中抽调高管来挂帅执掌新业务，如果他没有足够的生存意识，不躬身入局、亲自跑新业务，而是直接把之前的经验套用到新业务中，那么是很难成功的。

我发现很多大企业的创新业务最终会失败，根本原因在于它们没有做过企业的自我诊断，定位不清晰，认为自己在成熟期，就应该按照成熟期企业的管理方法做创新业务。事实上一旦启动新业务，企业就进入了初创期，和其他创业企业面临的挑战是一样的。

而经历过多个企业生命周期轮回的企业，将进入鼎盛期。

鼎盛期：跨界与共生

什么是鼎盛期

鼎盛期是超大规模的生态型企业，或者经历过多个企业生命周期轮回的行业头部企业所处的阶段。

只有极少数企业，会因为做成功了多条业务曲线，并且将这些业务曲线组成一个生态闭环，进入这个阶段——鼎盛期，也就是成为生态型的平台企业。

关键词：生态

鼎盛期企业如何构建生态圈

我们曾经帮助过很多鼎盛期企业，也总结了一些经验，具体来说，我认为鼎盛期企业需要从以下五个方面做出组织调整。

1. 组织架构：构建生态型组织架构

生态型组织架构，不再是部门和职能的组合，而是不同商业的协同生态。如图3-6所示，阿里巴巴的生态架构，底层是数据流、资金流、物流等串联在一起，构成了整个生态的基础设施建设，上面衍生出了商业、服务、娱乐等多个商业板块。

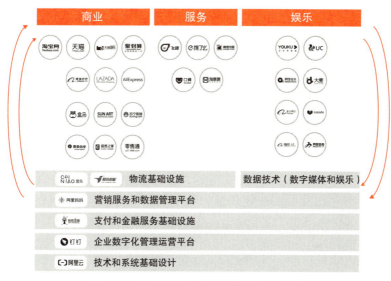

图 3-6 阿里巴巴生态型组织架构示意图

资料来源：张丽华．"服务消费者＋服务商家"——阿里数字经济体为何能同时"脚踏两只船"？[Z/OL]. (2019-03-06). https://mp.weixin.qq.com/s/0QUqIchJIVKkEIzMLUb0yQ.

2. 人才梯队：平凡人做非凡事，非凡人做非凡事

当发展到鼎盛期时，企业不仅需要构建新的生态型组织架构，还需要相应的人才梯队与之匹配，所以此阶段对人才的要求也会更高，人才梯队的建设也会更难。这时，你既要让企业内部原来的老员工尽可能地发挥出最大潜力，还要保证新加入的人才能够留存并获得良性发展。所以，对于这一阶段的人

才梯队建设，我认为可以用阿里巴巴提出的"平凡人做非凡事"和"非凡人做非凡事"这样两句话来诠释。

（1）平凡人做非凡事

在企业初创时期，会有一部分人跟着创始人一起创业，这些人可能都是很平凡的人，每天跟着老板四处跑客户、拉业务，维持公司的运转，让公司生存下来。

当企业发展到一定规模，甚至跨过快速成长期和成熟期时，就必须通过一套培养系统将这些人变成非凡的人。不管是他们的知识水平、管理能力，还是战略眼光、胸怀格局等，都需要相应地得到提升，否则就无法适应企业未来的发展。

在阿里巴巴，"平凡人做非凡事"曾经就是企业最大的价值观和文化激励。在相当长的一段时间里，阿里巴巴都很排斥所谓的"精英文化"，反而特别强调对普通人、平凡人的重视，因为这是阿里巴巴之前成功的经验。阿里巴巴早期创业时，招来的大多是平凡人，正是这条价值观，激励了所有平凡人，铸就了阿里巴巴20多年的辉煌。

（2）非凡人做非凡事

今天，阿里巴巴已经是一家平台型生态公司，对人才的要求也更高了。无论是平凡人还是非凡人，都要做非凡事，都必须有统一的文化，共生共荣。在这个阶段，企业的招聘标准很高，招进来的都是很优秀的人，这些新加入的人才怎么在公司发展呢？你需要一套人才融入和保障系统，来帮助他们在公司生存落地，实现"非凡人做非凡事"。

阿里巴巴创始人在接受采访时说过："我对技术一无所知，也不懂管理，我只寻找聪明的人，我唯一要做的事情就是确保这些聪明人能一起工作。"总而言之，对于鼎盛期企业来说，**人才梯队建设需要两套系统：人才培养系统，聚焦在如何把老人变得越来越优秀，能够适应企业不断变化的新业务；人才融入系统，聚焦在如何把优秀的人留下来并且生根发芽。**这是鼎盛期人才梯队建设的关键任务。

3. 文化体系：文化多元化，求大同，存大异

鼎盛期企业，业务会跨越很多领域，这时候文化体系也一定是在生存的基础上追求多元化的。

所谓多元化，其实就是我们曾经提到的"求大同，存大异"。求大同，指的是有共同的使命、愿景和价值观作为基础；存大异，指的是在大同的文化之下，能够兼容并包，不同子业务可以根据自己的用户和业务场景有适合自己的子文化。

这时候的文化应该是兼容并包、百花齐放的，只有足够包容，才能让不同业务领域、不同身份背景的人才在一个大的生态中协同共生。

在2019年阿里巴巴20周年纪念日，阿里巴巴发布了"新六脉神剑"。作为一个老阿里人，当我看到新发布的"新六脉神剑"时，我被深深触动了。如果说阿里巴巴以前有强大的企业文化，那么"新六脉神剑"的发布，才真正体现了阿里巴巴作为一个大的生态型组织的文化。

举个直观的例子，阿里巴巴在"新六脉神剑"的价值观中加入了"认真生活，快乐工作"的内容。这体现了其更加开放和包容的文化，视人为人。当一个组织逐渐发展到鼎盛期的时候，其所倡导的文化，既包含拼搏文化，也包含人性化的关怀文化，这样百花齐放的文化，才能支持处于不同阶段的不同业务板块的子业务发展。

阿里巴巴CEO张勇曾说："最重要的是寻找我们的同路人，走向未来、走向102年，走好未来5年、10年、20年的同路人。"更有包容性的文化体系，才能帮助企业达成这样的愿景。

其实，这也是众多处于鼎盛期的企业在未来发展中最重要的事情。有了足够包容、足够开放的文化体系，企业才能吸收更多的优秀人才；有了生态型的组织架构，人才才能在其中尽情发挥自己的能力，继而推动企业向着更长远的未来前行。

4. 战略工作重心：分阶段构建生态协同系统

（1）看十年，干一年

鼎盛期的战略比较复杂，在这个阶段不仅要看得比较远，看产业终局，还要关注长期的战略怎么分阶段完成，我称之为"看十年，干一年"。

为什么看十年，干一年？因为在这个阶段企业往往处于引领行业发展的最前沿位置，没有人会告诉你路要怎么走，所以你必须去研究未来十年的发展趋势，研究未来十年客户的需求会发生哪些变化，什么事情对客户最有价值。以前阿里巴巴开战略会时，通常都会拿出一半的时间来探讨未来，为什么？因为变化太快，我们要"看十年，干一年"，确定未来战略新的定位，然后拆解，分阶段实施。

（2）生态协同："达摩五指"

鼎盛期企业，通常已经发展成为集团型企业，拥有多种不同类型的业务。当每条业务线价值和定位各不相同，处于不同发展阶段时，增长也是不均衡的，这种现象其实也进一步证明了增长是多维度的。像这种业务板块并驾齐驱，各自发挥自身作用，赋能企业综合成长的模式，我称之为"达摩五指"。这是特别适合有多元化业务的鼎盛期企业学习和借鉴的一种增长模式。

企业发展到这个阶段，它的业务实际上会像五个手指一样有长有短。而业务成熟度不同，战略重心也不同。成熟的业务，战略重心在现金流上；新业务，战略重心则略有不同，有的主要在开拓市场上，有的主要在用户增长上，有的主要在技术引领上。

比如从阿里巴巴2020年的财报中可以看到，每个业务板块的子战略在集团内部的增长定位和价值都是不同的（见图3-7）。淘宝和阿里云是成熟业务，定位是现金流"奶牛"，增长目标主要是GMV和营收；盒马是创新业务，定位是行业布局，增长目标主要是门店数量；钉钉也是创新业务，定位是市场占有率，增长目标是用户覆盖数。

面对这种多业务共存，且发展并不均衡的业务体系，鼎盛期企业在制定发展战略的时候，自然也要分阶段、有所侧重地推动均衡发展。比如在2020年年初，由于受新冠疫情的影响，钉钉用户数量飞速增长，呈现出良好的发展态势。所以现阶段在保障其他成熟业务稳定发展的同时，钉钉已经成为阿里巴巴集团战略布局第一梯队的创新业务，而淘宝则承担着现金流业务的角色，阿里云承担着技术创新与引领的角色。

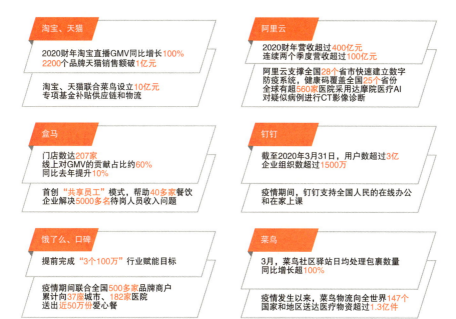

图 3-7　阿里巴巴 2020 年财报部分内容

资料来源：新浪财经．阿里巴巴 2020 财年全年及第四季度业绩全面超预期 [EB/OL].https://finance.sina.com.cn/stock/usstock/c/2020-05-22/doc-iircuyvi4513141.shtml.

这种分阶段、有侧重的发展战略，最终的目的就是将所有业务整合在一起，形成一个既能内部互相促进，又能保持开放，从外界吸取新养分的良性生态协同系统。

5. HR 工作重心：围绕战略优化组织架构、协同机制，激活组织活力

鼎盛期企业，业务的发展会呈现多样化的趋势，此时 HR 有三个工作重心。

第一，打造开放的生态文化，兼容并包，求大同，存大异。

第二，搭建协同生态。公司超过 1000 人后，最大的问题永远在于协同，如集团与分公司的协同、业务前线的协同、前中后台的协同、集团生态与外部生态的协同，都是协同的问题，HR 需要建立协同机制，推动生态中各业务板块高效运转。

第三，激活组织活力。这也是此时企业面临的最大挑战，如何始终保持活力，永立潮头？企业规模越来越大、层级越来越多，如何让每个层级的活力都发挥出来？如何激活组织中最小的细胞，激活每个核心岗位的关键人才？这些都是这个阶段 HR 最重要的课题。此时，HR 的工作重心应该是鼓励创新，给年轻人更多的机会和更广的舞台，重新激活组织。

实际上，鼎盛期是企业发展的高级阶段，现阶段国内能够进入鼎盛期的企业并不多。因为并不是所有的成熟期企业都能够最终完成跨越进入鼎盛期，想要做到业务自成体系，能够形成稳定的内部生态系统，是很难的，而只有这样的企业才可

以称得上是鼎盛期企业。

处于鼎盛期的企业，作为一个组织，仅凭内部的活力已经不足以推动自身更进一步。因此在这个阶段，企业最重要的就是加强自身的开放性，从内部封闭走向跨界与共生，以更新鲜的业态和市场，来刺激组织持续保持活力，推动业务实现持续增长。

敲黑板

- 初创期：从 0 到 1，大浪淘沙，生存为王。

- 快速成长期：搭建管理体系，抵御系统性风险，走从"游击队"到"正规军"的发展之路。

- 成熟期：变革与转型是一把手工程，在痛苦中寻找出路。

- 鼎盛期：跨界与共生，搭建生态型组织，激活组织活力。

第 4 章

四大断裂：组织创新的窘境

我们研究过上千家公司，发现超过 95% 的公司
在管理中都存在着四大断裂。

个人梦想与组织使命的断裂

如何理解个人梦想与组织使命的断裂

如何将个人和组织连接起来

事与人的断裂

只关心业务不关心人

缺乏对业务的深刻理解

局部与整体的断裂

价值观不落地

战略目标不一致

部门间协同不顺畅

现在与未来的断裂

战略方向的选择

人才培养和任用

小测试：四大断裂的场景化案例诊断

战略会上的争论

绩效考核中的盲区

人才盘点后的反思

业务复盘时的收获

> **开篇思考**
>
> 组织创新的落地有哪些困难和挑战？

我们在第 3 章中介绍了不同发展阶段的组织共性及其重要性，并为企业提供了方向性的指引。从企业的初创期、快速成长期、成熟期到鼎盛期，组织创新就像一条中轴线贯穿了企业的整个生命周期，伴随着业务的创新而发展，为企业开辟出下一条第二曲线。

在此前的内容中，我们不止一次地强调组织创新的重要性，我相信很多企业也已经清楚组织创新的价值以及组织创新的方法论。那么，为什么大多数企业的组织创新还是以失败告终呢？这就是我接下来要讲的问题。

我在这里先问大家一个问题："为什么现在好企业越来越少？"我们观察发现，很多企业在组织创新的过程中遇到一些具体问题的时候，往往只是针对"现象"解决问题。这种"头痛医头，脚痛医脚"的方法，只是流于表面的"对症下药"，只能起到缓解作用，并不能从根本上解决问题。而隐藏在企业内部的"疾病"往往会以其他形式，在某一天突然爆发出来。

如果我们透过问题的表象深挖探究，就会发现多数问题产生的深层原因在于大多数企业内部存在着四大断裂。

这些年来，我们研究过上千家公司，**发现超过 95% 的公司在管理中都存在着四大断裂**。所谓断裂，我们可以简单理解为，在企业发展的过程中，各个重要环节之间无法形成有效连接的现象。虽然很多企业察觉不到，但这些断裂其实一直存在于企业的各个环节之间，有的在文化层面，有的在业务层面，有的在组织层面，有的在战略层面。无论断裂在哪个层面发生，都会对企业整体业务的推进、人效的提升、协同的实现等重点工作产生相当大的影响。

本章我们将重点介绍企业的四大断裂，并提供相应的诊断方法和具体的案例，帮助更多的企业更好地识别和解决四大断裂问题，以顺利走出组织创新的窘境。

根据我们的经验，企业的断裂主要集中在以下四个方面（见图 4-1）。

第一，个人梦想与组织使命的断裂；

第二，事与人的断裂；

第三，局部与整体的断裂；

第四，现在与未来的断裂。

图 4-1　企业管理中的四大断裂

这四大断裂也是制约组织创新的核心问题,很多企业管理中的常见问题本质上都是这四大断裂直接作用的结果。所以,为了让企业能够实现持续发展、持续增长,企业必须找出自身存在的断裂,然后挖掘深层原因,将问题解决掉。

个人梦想与组织使命的断裂

如何理解个人梦想与组织使命的断裂

所谓个人梦想与组织使命的断裂,简单来说,就是员工"想要的"和企业"想要的"不一致。

比如,我在跟一些企业老板沟通时,经常会听到他们有类似的抱怨:"为什么我永远是公司最忙的人?""我很想做这个事,但是员工不是那么想做。""我天天动员大家多花些心思在工作上,可每次拉业务最多的都是我,员工怎么不努力呢?""每天一到下班时间,公司里的人一下就跑光了,只有我一个人在加班!"

相信很多企业都存在这种"CEO是企业发动机"的问题,甚至很多老板在自己的企业当中充当着最辛苦、最勤劳的角色。因为任何一家企业的出现,都必然承载着创业者(老板)的初心。从创办企业开始,创业者个人的使命、愿景和价值观就已经与企业绑定在一起了,个人梦想和企业使命之间的统一,使得老板心甘情愿地为企业的发展付出一切。

这种自然而然的对企业发展的忘我关注,很多时候会让创业者忘记,组织的使命未必与员工的个人梦想(员工真正想要的)有关系。当组织的使命和个人梦想没有关系的时候,企业就形成了第一个最严重的断裂,也就是个人梦想与组织使命的断裂。

如何将个人和组织连接起来

从某种程度上来说,个人梦想与组织使命的断裂在每个企业当中都必然会存在。因为人与人之间本身就存在极大的差异，即便是一个团队、一个部门的员工，他们加入公司的目的也未必是一致的。当个人"想要的"和整个组织"想要的"不统一的时候，个人的心灵扳机不能被扣动，组织无论做什么都是无法驱动个体的。

这里我们所说的个人"想要的"，并不仅仅是个人从中获取哪些收益，更深层的是个人的成长与发展、幸福感的来源和内心真正的追求。比如说微软变革，纳德拉上任的第一件事就是重塑愿景，纳德拉连续追问员工"你想要什么""什么是你的幸福人生""你追求什么""怎么做你有成就感"……他会把公司的使命和员工的追求连接起来。

一个优秀管理者最重要的职责应该是什么？我认为是"把公司的方向变成你的方向，把你的方向变成员工的目标"，使个人和组织共同发展。管理者是连接组织和个人最重要的载体和桥梁，不能仅仅是传声筒，要把组织"想要的"转化为自己"想要的"，再传递给每个人，这才是管理真正行之有效的前提。

事与人的断裂

所谓事与人的断裂，这里有两个维度的表现：一是业务管理者维度，业务管理者只关注业务或业绩指标，而忽视了团队成长；二是人力资源管理者维度，人力资源管理者只关注人或组织，而忽视了业务的需求，缺乏对业务的深刻理解。

业务管理者：只关注业务不关注人

我经常问一些企业老板这样一个问题：经营一家企业最重要的是什么？大部分人的回答都是业绩、盈利，以及让企业持续地发展下去。这些回答当然没错，但没有抓住经营的本质。

战略再好，业务再强，真正落地实施的时候，都需要人来执行。只重视业绩目标，而忽视个人与团队的成长，这是典型的事与人的断裂。这就好比一个家长只关心孩子的分数，而不关心其整体成长，道理是一样的。

大多数企业在给管理者布置任务的时候，通常都会将月度、季度或者年度的业绩目标作为唯一指标。比如说，企业给销售部门制定的战略目标基本都是营收达到某个特定数额，对人力资源部门的要求一般都是招聘到特定数量的员工，等等。

虽然将业绩目标作为KPI，能够起到督促员工的效果，但单一的考核方式，会让管理者把完成KPI作为自己的唯一要务，而忽视其他很多重要的工作。

有的业务管理者只关注事不关注人，比如他们总是会问，这个月完成了多少业绩，签了多少客户，上线了多少新产品，却忽略了在业务增长的背后，整个团队有没有接班人、储备干部、长期培养计划，更没有关心现阶段团队的文化氛围好不好，团队成员是否开心。

人力资源管理者：缺乏对业务的深刻理解

从另一个维度来看，很多企业的人力资源管理和业务之间也是断裂的，很多 HR 做的都是模块性的工作，而不是从业务的需求角度出发的，甚至和业务没有什么关系。这也是典型的事与人的断裂。

以企业内部的培训为例，很多公司的 HR 在做内部培训的时候，只是把一些课程拼凑在一起，并没有真正从业务的需求出发来设计培训课程，很多和业务相关的关键问题总是被忽略。比如，业务团队的士气和状态如何，怎样通过培训提升士气和团队凝聚力；业务流程执行得如何，业务技能有哪些短板，有哪些工具可以提升业务的效率；新入职的员工怎样融入团队，新上线的产品怎样能被大家快速理解和接纳，新开拓的区域需要什么支持；等等。

人力资源的很多工作看似很忙碌，但如果没有从业务的需求出发，那么实际上对业务团队的帮助是有限的。一旦出现这种情况，就意味着人力资源管理和业务是断裂的。

有一次我跟一位老板打电话打到晚上 12 点，聊着聊着他突然说："终于明白了为什么我们 HR 干不好，因为业务归业务，HR 归 HR，各干各的，两不相关。"这也是为什么有的老板总会讲"我的 HR 帮不到我"，原因就在于此。

管理任何一个团队和组织都需要"雌雄同体"——既懂业务又懂组织。一个好的业务管理者首先应该是一个人力资源管理者，因为所有的业务目标和方法策略都是通过人来实现的。业务管理者应从单一的业务思维中跳出来，增加对人和组织的关注，以组织的成长来带动业务的发展。尤其是大企业的老板，需要更多地考虑如何让整个组织有序地经营和运转，而非仅仅关注如何实现业绩指标。

而人力资源管理者也要更贴近业务，优秀 HR 的第一条标准就是要懂业务，从业务出发思考人力资源的工作，让人力资源和业务连接起来，而不是各做各的，这样才能防止事与人的断裂。

局部与整体的断裂

所谓局部与整体的断裂，指的是集团与子公司之间、公司与部门之间以及部门与部门协同时目标不一致。局部与整体的断裂通常存在以下几种表现形式。

价值观不落地：贴在墙上的价值观无法走进员工心里

我们经常会发现，很多公司的价值观常常会"贴满一整面墙"，但这个价值观和员工在实际工作场景中所表现的或他们内心所理解的，往往有很大偏差。

我们曾经服务过某个行业的一家头部公司，当时这家公司的业务在全球也是数一数二的，一次偶然的机会它成了创业酵母的客户。在我拜访这家公司的老板时，他特别自信地介绍了自己企业的战略和文化。

出于一个咨询行业从业者的本能，我向这家公司的老板提出了一个请求，希望他能给我一个月的时间，让我对他的公司进行调研，印证一下他的说法，这位老板欣然同意。

这位老板告诉我，他认为公司的全球化战略特别清晰，就是在全球十个国家开设分公司，然后将主营业务扩张到相应的市场；同时，他觉得公司的文化深入人心，墙壁上挂着六条价值观的标语，来来往往的员工都能看到。

而在接下来一个月的时间里，我们访谈了该公司位于全球的十名高管及员工。当我把结论报告递上去后，这位老板的自信荡然无存，整个人情绪低落，垂头丧气。因为报告上明确指出，虽然公司的战略员工们了解得相当透彻，但老板脑海中非常清晰的公司文化、价值观等，与下面各高管、员工所理解的公司文化、价值观有很大的差别。虽然公司墙上贴着六条价值观，但我们在访谈时发现，所有的高管都只能说出四条，并且更令人意外的是，他们所说的四条与公司墙上张贴着的六条，一条也对不上！

不可否认，这家公司是有价值观的，但高管和员工心中的价值观却不是公司墙上张贴着的那六条价值观。这说明什么？说明价值观在落地的时候，是存在巨大断裂的，以致员工所理解的和公司所宣传的并不完全一致。这不仅是价值观的局部与整体的断裂，也是个人梦想与组织使命的断裂。

战略目标不一致：各部门目标与公司目标不统一

很多公司的目标都是老板拍脑袋制定的，以致管理者不理解老板为什么定这个目标，也没有达成共识，更不知道如何去实现这个目标。

目标制定出来后，需要有落地的追踪执行体系和定期的复盘机制，以保障公司目标从上到下分解执行到位，方向不跑偏，避免公司的目标和各部门的目标之间产生断裂。

还有一种情况，战略规划已经制定了，但由于传递路径过于低效，各个部门并不能清晰地理解公司提出的战略，相互之间也没有进行有效的沟通，各个部门只能各行其是，而战略理解的偏差会导致部门之间工作内容重叠、责任重叠，进而导致出现相互推卸责任的问题。在这种情况下，同样会造成局部与整体的断裂。

无论是战略规划和目标不能有效落地，还是传递路径过于低效，局部与整体之间之所以出现断裂，归根结底都是部门与公司战略目标不一致。

怎么解决这个问题呢？其实公司在树立目标的过程中，通常都会有一个将整体目标拆解成部门（或者分公司）目标的过程。部门和公司之所以会在发展目标认知方面存在差异，有两种可能：一种是部门不认同公司整体目标拆解的结果；另一种是部门没有接收到明确的拆解后的目标。所以，想要解决部门与公司在目标认知方面的断裂，就需要我们建立一个合理的目标拆解与确认程序。如果我们能够打通这一环节，就能在一定程度上解决局部与整体的断裂问题。

部门间协同不顺畅：各部门只关注自己的利益

对公司最有利的事情对某个部门或者个人未必有利，管理者需要有能力进行合理的平衡。

比如，阿里巴巴为了避免局部和整体的断裂，扩大管理者的视野和格局，设计过一套非常好的轮岗制度，包括不同区域之间的轮岗、前中后台之间的轮岗等，从业务团队选拔"政委"，或是让业务管理者主管中台，甚至调到人力资源部门任职。具备在公司多个业务领域、多个职能岗位工作经历的人才，将优先获得晋升的机会。

现在与未来的断裂

所谓现在与未来的断裂，指的是管理者只关注眼下而忽视未来，只关注短期而忽视长期，不主动去思考和谋划未来，甚至为了当下的利益放弃长期看来有价值的事情。

现在与未来的断裂主要表现在两个方面：一是在**战略方向的选择上**，二是在**人才的培养和任用上**。

战略方向的选择

在战略方向的选择上,管理者需要预测在未来什么将引领行业的发展,将会有哪些创新,哪些产品领域增长潜力巨大,从关注短期业绩指标转向关注长期发展方向,腾出精力从事战略性思考,清楚自己未来潜在的业务市场在哪里,未来的竞争与成长需要什么。这是一种高层次的战略思维能力。

但实际的情况却是,大多数企业都更重视当下,常常忽略未来发展的趋势。

举一个大家都耳熟能详的案例。曾经在功能机时代叱咤风云的诺基亚,在智能手机时代到来之后,迅速陨落。市场上有很多专业机构曾经分析过诺基亚的失败,得出的结论五花八门,但在我看来,最直接的原因其实就是诺基亚在实施发展战略的时候,过于重视短期营收,而忽略了未来发展的可能性。

当时市场上其实已经出现了类似智能手机的产品,而且诺基亚也已经发现了智能手机的未来发展潜力,甚至已经在智能手机领域投入了一定的资本,成功开发出了具备触屏和联网功能的智能手机。虽然诺基亚很早就察觉到了智能手机的发展趋势,但是它在真正制定发展战略,进行工作目标拆解的时候,还是以营收作为主要指标。每次集团高管开战略会的时候，讨论的依然是功能机的销售目标如何获得增长，管理层关注的还是如何在功能机市场抢占更多的份额，而很少花时间讨论未来的发展趋势和新产品。在眼前短期利益和未来长期趋势之间，他们最终还是选择了前者。

所以，诺基亚虽然是功能机时代的王者，但由于对未来新的市场缺少重视，错过了智能机的浪潮，随着苹果和安卓系统的出现，诺基亚的王者时代一去不复返，再难挽回颓势。

毋庸置疑，企业的发展是一个持续的过程。如果在选择战略方向的时候只重视短期目标，那么就会导致现在与未来的割裂，企业自然也就失去了未来。诺基亚便是前车之鉴。

这里我再举一个相反的案例——阿里云。当初阿里巴巴在开启云计算战略的时候，内部有很多人持反对意见，认为数据和服务器属于能够从外部采购到的资源，没有必要去花费大量的资源和精力自己开发。另外，阿里云在运行之初不够稳定，有非常多的问题，很多部门担心影响业务的进展，不愿意使用。

但阿里巴巴创始人始终认为独立的数据和云计算中心才是互联网企业的未来，所以一直坚持推进云计算技术的开发和应用,并且在巨大的压力下,掷地有声地说:"每年投10亿元,先投10年,做不出来再说。"正是有了创始人着眼于未来的眼光,以及长期的坚持,才有了阿里云今天的成就。

在我看来,企业的发展虽然应立足当下,但面向的始终都是未来。为了避免现在与未来的断裂,**管理者必须养成关注未来发展趋势的习惯,具备把控未来行业走势的能力**。

人才培养和任用

除此之外,企业在人才培养和任用方面,也容易出现现在与未来断裂的问题。

大家先来思考一下:想要达成10倍增长,你需要什么样的人?你有没有想过三年以后的企业和今天不一样?你对员工和管理者的培养,是基于他们现在的能力,还是未来的需要?这些事关未来发展的命题,你有没有思考清楚?

假设企业未来三年的业绩目标分别是10亿元、15亿元、20亿元,如果企业的组织能力达不到支撑20亿元营收的水平,那么企业的业务目标基本不可能实现。换句话说,只有面向未来提前做准备的企业,才有可能真正把握住未来。

在过去与经营者的交流当中,我发现很多企业管理者喜欢谈论企业战略和业务增长目标，说起来都头头是道。他们都很清楚未来几年企业要实现的业务目标分解到当下的每一年、每个月是多少，并且关于如何实现这些目标，企业如何运营、如何投资、如何盈利等，都想得很全面、周到。

但是，当我问他们，要建立什么样的组织架构、安排哪些人去完成这些目标时，他们才会发现现有人员无法提供充分支撑。这说明什么？说明他们对企业的业务目标、发展方向等都有过详细的考虑与规划，但唯独忽略了一个重要问题——业务在未来是会发生变化的，组织是一定要迭代和升级的，组织能力的升级应该是优先于业务发展的。

以现在的标准去衡量未来需要的人才，等到未来真正到来的时候，即便你的目标很明确，但团队能力无法跨越到能够实现这些业务目标的水平，你的业务目标也不可能实现。因此我们在招聘和培养人才的时候，不仅要考虑现在对人才的需求，更要考虑企业未来发展的需要。

总而言之，无论是战略方面还是人才方面所出现的现在与未来的断裂，都需要通过面向未来的设计来解决。而面向未来的设计，最重要的内容就是提前培育组织，让企业自身的组织能力能够承载未来业务方向的转变。

以往我曾为很多企业做过组织诊断，发现绝大多数的管理问题都可以归结为这四大断裂。而通过前面的阐述大家也能发现，这四大断裂不仅会给企业现在的发展造成许多障碍，还会对企业未来的持续发展产生严重的影响。

我把"四大断裂"的内容作为独立的一章，就是希望能够引起企业的关注，让大家能够更准确地发现隐藏在问题表面之下的深层原因，从而更加有效地解决问题。

为了帮助大家更好地判断企业存在哪些断裂，下面我为大家准备了场景化诊断案例及分析，以供大家参考。

小测试：四大断裂的场景化案例诊断

大部分企业都存在四大断裂，为了帮助大家更加清晰地认清这些断裂，我们总结出了在以往的诊断中经常遇到的一些场景，并尝试把这些复杂的管理场景用尽可能通俗简单的方式呈现出来，以此引发大家更深层次的思考。

现在，大家不妨跟随我一起来思考：你的企业有没有遇到过以下这些场景？你又是如何去解决这些问题的？

场景1：战略会上的争论

我曾经作为顾问参加过一家集团公司的战略会。会议刚刚宣布完第二年的销售目标,各事业部的高管便开启了激烈的争吵模式,自始至终也无法达成共识。争吵主要聚焦在销售目标的制定和分解上,每个事业部都对自己的目标有异议,不清楚为什么定这个目标,也不清楚如何去实现。

请思考:为什么会出现上述这种情况?这家公司存在哪些断裂?

_____
_____
_____
_____
_____
_____
_____

诊断及建议:

之所以会出现上述争吵的场景,在我看来,主要是因为这家公司内部存在着以下两种断裂。

(1)现在与未来的断裂: 这家公司召开战略会的目的应该是,让全公司上下着眼于未来,讨论公司的使命、愿景以及长期战略方向，在未来大方向上进行战略共创，从而达成共识。而各部门高管在公司宣布完第二年的业务目标后，马上就陷入了部门销售目标的讨论。这是典型的现在与未来的断裂。

（2）局部与整体的断裂： 每个事业部负责人只关注本部门的销售目标合不合理、能不能完成，并没有考虑公司整体的战略目标，以及自己的目标对于公司战略目标的价值和意义。

面对这种情况，这家公司该如何处理呢？我当时建议公司重新设计战略会的整个流程。

第一步，先进行文化共创，共同讨论一件事：我们未来想成为一家什么样的公司？这是企业的愿景。

第二步，做内外部的研究分析，探讨行业未来的发展趋势，用户的变化是什么，同行的变化是什么，本公司的优劣势是什么，哪些业务领域增长潜力巨大。

第三步，做战略共创，探讨未来的战略定位以及未来10年的发展路线。

第四步，做战略解码，分阶段拆解经营目标，探讨打法和策略。

第五步，做组织保障，探讨未来公司的发展需要什么样的架构、人才和机制。

场景2：绩效考核中的盲区

表 4-1 是一家传统企业对业务总经理的绩效考核表，下面我们将这张表当作一个场景来进行分析。

表 4-1 某传统企业业务总经理绩效考核表

目标	描述	衡量指标	权重
营收目标	通过合理的方式完成公司制定的业绩目标	1. 指标完成率 2. 资产保值率	40%
业务关键指标	对企业策略充分消化落地，形成明确的市场策略、计划和执行方案	1. 综合生产力 2. 人均产能 3. 安全生产无事故	30%
客户服务指标	通过优化服务流程，提升客户满意度，达成客户续签率	1. 客户满意度 2. 客户续签率	30%

请思考：从这些考核指标中你能发现这家企业存在哪些断裂？该如何调整？

诊断及建议：

我们从表 4-1 中能看出这家企业存在以下两种断裂。

（1）事与人的断裂： 从表中的权重（它强调因素或指标的相对重要程度，更倾向于贡献程度或重要性）来看，这家企业只注重业务指标的考核，而忽视了团队指标的考核。比如，招聘了多少优秀的人才，提拔了多少储备干部，培养了多少高潜力人才，团队的氛围好不好等，这些团队指标都没有考核。

（2）现在与未来的断裂： 从表中的信息我们也能看出，这家企业只有对当下的考核，没有对未来长期重要工作的考核。作为管理者，你必须善于平衡长期与短期利益，并找到有效的执行点，比如未来要开拓哪些新市场，结合市场变化要推出哪些新产品，新的市场和产品需要储备哪些新的人才等。

考核是指挥棒，你考核什么，员工就关心什么。 当你只考核业务的时候，员工当然只关心业务。如果按照这个指标对业务经理进行绩效考核，那他除了完成业绩目标，不会再思考其他长期而重要的事情了。

为了避免形成断裂，企业就需要制定综合考量的绩效考核体系，以形成完整的连接，保证企业的顺利发展。

场景 3:人才盘点后的反思

我曾经参加过一家公司的人才盘点会。当时这家公司正在做业务转型,从传统的线下门店业务转型为在线业务,希望通过这次盘点筛选出适合做创新业务的人才。但在盘点过程中,我发现管理者和 HR 对于新业务所需要的人才画像并不清楚,盘点的依据只有过往的绩效表现。

请思考:从这次人才盘点中,你能发现这家公司存在哪些断裂?该如何调整?

诊断及建议：

从这则案例中我们能看出，这家公司既有事与人的断裂，也有现在与未来的断裂：人才的选拔培养和业务的发展战略不匹配，管理层的关注点都在业务如何从线下门店转向线上运营，但并不清楚要想成功转型，未来需要具备什么样的组织能力。没有未来创新人才的清晰画像，也就不知道新招聘的人才应该具备什么能力，老员工的培养应该从何下手。

我的建议是从以下几方面入手。

第一，基于未来业务的变化，重新梳理对于人才的需求，建立创新业务人才的能力模型和评价标准。

第二，基于新的人才模型和评价标准，重新盘点现有人才，找出当前组织欠缺的能力，筛选出能适应新业务、具有高潜力的人才。

第三，对于当前所欠缺的能力，要招聘新的人才进行补充，依据创新人才模型制订招聘计划。

第四，对于筛选出来的高潜力人才，要依据创新业务的人才模型找出能力短板，并制订有针对性的培养计划。

场景4：业务复盘时的收获

这里我分享一个关于个人梦想和组织使命的小故事。

俞头早年担任阿里巴巴"中供铁军"总经理时，他所带的团队里有一位女业务员拜访量总是很低，业绩不好，无论用什么方式都很难激励她。在一次业务复盘时，俞头没有单纯地跟她复盘业绩指标和过程数据，而是问了她一个很关键的问题："你为什么来阿里巴巴做销售？"通过沟通，俞头了解到她家里条件不错，只是苦于一直找不到心仪的对象，而父母又一直催婚，所以她才想通过做销售，扩大自己的人际圈。俞头告诉她，阿里巴巴的很多客户都是年轻有为的企业家，其中不乏单身的，增加拜访量就有机会认识更多优秀的潜在对象，并且帮她制订了拜访计划……

这次沟通很有效，这位女业务员很快成为团队中拜访量最高的一位，业绩也直线攀升。第二年在收获业绩的同时，她也找到了心仪的另一半，达成了自己多年的夙愿，至今两人都过得很幸福，成了公司里流传的佳话。

请反思：你了解自己团队的员工想要的是什么吗？如何扣动员工的心灵扳机？

诊断及建议：

很多管理者总是抱怨员工积极性不足，经常问我如何调动员工的主动性，其实这个问题的核心就在于员工个人梦想与组织使命之间的断裂。

表面上，两者看似断裂，其实是完全可以连接的。作为管理者，你的首要职责是要了解员工的梦想和个人发展目标，而不能只是谈业绩、谈数字。公司的使命是远大的，但员工个人的目标通常是很简单、很实在的。只有把公司的目标和员工的梦想连接起来，扣动员工的心灵扳机，才能彻底激发个人和组织的活力。

通过以上几个常见的场景案例分析，我们找到了这些企业的断裂之处，通过对症下药，从深层修复断裂，重新激活企业，使其恢复活力，并能够继续向前奔跑。

最后，我引用阿里巴巴对高管的一条要求作为本章的结尾：**"管理者要能提出超越数字的愿景和使命，唤起整个组织的激情，建设团队对于公司整体使命的认同感，使之为公司和个人的共同目标而奋斗！"**

敲黑板

管理者有四项重要的职责：

- 建立个人梦想与组织使命的连接，扣动员工的心灵扳机，激活组织活力。

- 建立事与人的连接，透过事关注人。

- 建立局部与整体的连接，有全局意识，能系统思考。

- 建立现在与未来的连接，关注长期有价值的事情。

第 5 章

酵母天地图：企业打天下的营运系统

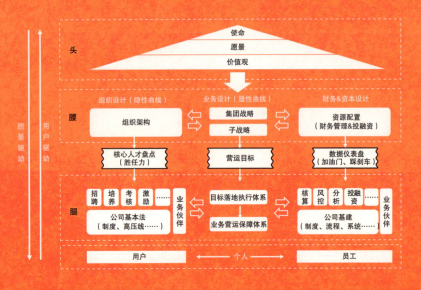

酵母天地图

企业文化系统

企业文化系统的构成

企业文化的价值

业务营运系统

战略与子战略

营运目标

目标落地执行体系

组织保障系统

组织架构

核心人才盘点

人力资源体系

天地图的三层逻辑

> **开篇思考**
>
> 今天,全球的经济、政治、技术环境都在发生着剧烈的变化,要应对各种不确定性的挑战,企业需要一套能打天下的营运系统。那么,我们该如何打造这套企业打天下的营运系统呢?

在第4章我们详细分析了企业发展中的四大断裂,并提供了一些代表性场景的诊断参考。但是我们发现这种点对点地解决问题的方式治标不治本,要想从根源上避免四大断裂,企业要建立一套完善的营运系统。这套系统是可以帮助企业打天下的,从一个城市打到全国,再打到全球。我将这套系统绘制成了一幅图,并将之命名为企业打天下的酵母天地图(简称天地图,见图5-1)。

天地图由头部、腰部和腿部三部分构成,头生腰,腰生腿,形成一个有机整体,与道家"一生二,二生三,三生万物"的思想非常接近。

头部系统是企业的"天眼",也就是我们常说的使命、愿景、价值观,这部分内容反映的是企业未来发展的高度。一家

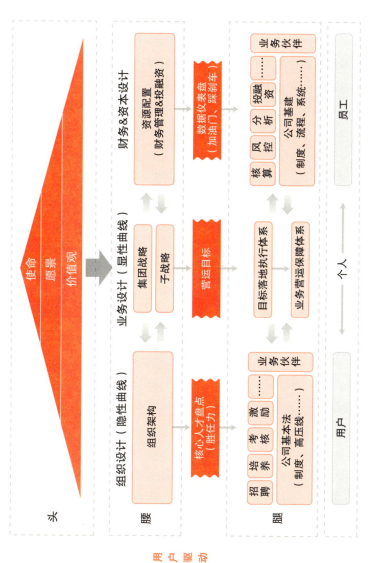

图 5-1 企业打天下的酵母天地图

企业是否有远大的使命、清晰的愿景和正向的价值观，直接决定了它能活多久，能走多远。

只有具备了使命、愿景、价值观，一家企业才有了灵魂，它们是企业一切发展的源头，也是企业存在的意义和价值。就好像天地初开，一切皆为混沌，迷茫中只有使命、愿景始终在指引企业前行，正是为实现企业的使命、愿景，才衍生出了与之相适应的战略和目标、架构和人才。

从头部向下衍生出腰部的支撑系统，在腰部开始分化出业务、组织、资本三大模块，使命、愿景驱动业务战略的产生，战略的变化又引发了组织架构和财务资本的迭代和发展。至此，从无形到有形，一家企业的架构基本成型。

腰部起着支撑整个企业营运系统的作用，就好比一栋建筑物的四梁八柱，腰部是否强壮决定了企业系统结构的稳定性。腰部同时也起着上下联结的作用，向上承载企业的使命、愿景，向下又衍生出了腿部。

腿部的执行系统是企业的"地基"，决定了企业当下每一步走得是否扎实。人才的选用育留、业务目标的落地执行、业务营运的保障机制、财务的风控与合规等都是一家企业腿部力量的体现，腿部的执行系统越强大，企业的底盘就越稳健。

企业文化系统

企业文化系统的构成

企业文化系统由三个方面构成，即使命（Mission）、愿景（Vision）和文化价值观（Values）。

1. 使命

企业存在的意义以及所追求的价值，就是企业的使命。

使命是非常远大的理想，是我们一辈子的追求，有可能现在还看不见，甚至一生也无法完成，但正是因为这样才能驱动我们走得更远。有使命感的人和没有使命感的人做事情的状态完全不同，结果也不同。

阿里巴巴认为，使命感对企业组织的构建最为重要，使命感不是让一个人相信，而是让加入这个组织的每个人都相信。而且**使命不是老板说出来的，而是要老板做出来的**。

比如，阿里巴巴创立时的使命就是"让天下没有难做的生意"。这个使命很大，一辈子不可能解决天下所有生意的问题，但是，当你和你的团队都把这句话当成自己的使命时，你就会觉得自己每完成一个决策、每做一件事，都是为了"让天下没有难做的生意"。

这个使命的存在，会不断引导你、激励你去持续创新，开辟企业的第二曲线。

阿里巴巴的这个使命目前还远未完成，但是这并不妨碍阿里巴巴成为一家特别有价值的公司。

实际上，使命回答的是 Why（企业为什么存在）的问题，主要包括以下三个核心问题。

- 我们为什么要办这家企业？
- 为什么是我来做这件事情？
- 为什么我做这件事情跟其他人做不一样？

2. 愿景

愿景是你站在现在能够看得到的远方和彼岸，追求愿景的过程就是从此岸到彼岸的过程。

愿景回答的是 What（企业是什么、成为什么）的问题，说得直白一些，就是你要做一家什么样的公司。

愿景是会不断变化的，因为愿景是看得见、可实现的。打个比方，当你在山脚下仰望海拔 1000 米的高山时，那里就是你的远方；当你成功登上山顶时，你看到的是海拔 3000 米甚至更高的山峰，那里就是你的下一个远方，所以愿景会不断变化。

一般来说愿景管十年，因为商业的浪潮千变万化，我们能看到十年内的远方就已经非常好了，十年以后我们是看不清的。

微软曾经的愿景是"让每个家庭、每张办公桌上都有一台电脑"，为什么在2016年要重新树立愿景？因为之前的愿景已经基本实现了，微软需要有新的愿景指引企业继续前行。

再比如腾讯，早期提出的愿景是要"成为一个令人尊敬的企业"，随着市值的不断增长、企业地位的不断提升，腾讯逐渐实现了自己早期的愿景。再加上现在的腾讯已经不再是过去那个主攻互联网社交平台的企业，而是开始向泛娱乐和技术平台的方向转型。所以，在2019年，腾讯更新了自己的企业愿景——"科技向善"。

3. 文化价值观

文化价值观解决的是我们信仰什么的问题，它有两种类型。

一类是**原生型文化价值观**。每家公司都有自己的独特基因，也就是创始人的基因和特质。公司刚成立时，价值观和创始人是高度契合的，创始人优秀的特质、所信仰的理念决定了这家公司最初的价值观，我称之为原生型文化价值观。

正如电视剧《亮剑》里李云龙所总结的，"任何一支部队都有自己的传统。传统是什么？传统是一种性格，是一种气质。这种传统是由这支部队组建时首任军事首长的性格和气质决定的，他给这支部队注入了灵魂，从此，不管岁月流逝、人员更迭，这支部队灵魂永在"。

另一类是**发展型文化价值观**。公司在不断发展壮大的过程中，在面向未来的发展时，仅靠原生型文化价值观已经不能适应新的挑战。此时，随着你的业务变化，企业的价值观也需要做相应的迭代和发展，我称之为发展型文化价值观。

比如你原来是做传统业务的，现在要做互联网业务，新老业务完全不一样，对文化价值观的要求也完全不同。在原有的文化土壤里是长不出创新业务的种子的，所以你必须要有发展型文化价值观，没有发展型文化价值观，你的公司就不可能跨越到新的业务。

因此，关于文化价值观，我们通常会思考三个问题：

第一，我们身上共同的优秀特质是什么？（原生型文化价值观）

第二，现阶段，我们最欠缺的特质是什么？（发展型文化价值观）

第三，面向未来，面对新的用户和业务场景，我们最需要补充的特质是什么？（发展型文化价值观）

企业文化的价值

文化价值观一旦深入人心，就会成为公司发展最大的推动力。比如，阿里巴巴早年的"平凡人做非凡事"，激励了无数平凡的年轻人为之奋斗。但反过来，文化价值观成型之后，也会形成惯性，对新的文化产生排斥。比如我们在做创新业务时，固有的文化理念总是新业务最大的障碍。因此，文化是把双刃剑，既能融合和凝聚一群人，也会有排他性，对企业的影响巨大。

我发现，**越大的企业，老板越重视文化**。我们在为益丰大药房做文化共创会的时候，高毅董事长会花几个小时跟我深入探讨价值观的每个词条以及背后的解读、诠释。看似务虚，其实是务实，因为无数事实已经证明了，价值观越好的员工绩效越好，价值观越好的企业走得越长远。

总结而言，使命、愿景、价值观是一家企业的头部，虽然无形，但能量巨大，主要包括以下三个层面。

第一，使命一定要远大，它决定了我们存在的意义和价值，是我们一辈子为之奋斗的事情，因为有了使命，无论遇到多少艰难险阻都不会放弃。

第二，愿景一般十年一变，它决定了我们要成为一家什么样的企业，指引着企业的发展。随着企业进入不同的发展阶段，要树立不同的愿景，一般来说，每隔十年需要重塑一次愿景。

第三，价值观需要不断迭代，要具备发展性，业务变化很快，原生的价值观要不断更新迭代，才能充分适应新业务的发展。

企业有了头部的使命、愿景、价值观，就会向下衍生出腰部的三个支柱：组织、业务和资本。接下来，我们先来了解一下业务营运系统。

业务营运系统

- 为什么业务战略总是无法落地？
- 为什么营收目标总是无法达成？
- 什么是业务的一竿子插到底？
- 为什么营收目标达成了而战略却没有实现？
- 为什么战略实现了，却发现离愿景越来越远？

以上这些问题是企业在日常运营中经常会遇到的问题，如何发现并解决这类问题呢？通过拆解业务营运系统，我们能从中找到答案。

业务营运系统由腰部的战略与子战略、营运目标和腿部的目标落地体系构成。

战略与子战略

沿着使命、愿景，首先产生的是业务的战略。战略用最朴素的话说，就是 Do the right thing（做正确的事），换言之，**战略是一种选择和取舍，做什么和不做什么。** 而策略是 Do things right（正确地做事），为了实现战略而正确地做事，换言之，**策略是做事的方式、方法，即怎么做，两者是完全不同的。**

关于战略，有太多的理论和书籍专门进行研究，故本书不再做重点讲解，这里我只推荐一个非常简单实用的战略选择工具（见图 5-2）供大家参考。

如图 5-2 所示，简单地说，战略选择就是要在这三个圈中找交集。

第一个圈是"想做"，就是公司的使命、愿景。我们想做什么，想成为一家什么样的公司，要从使命、愿景出发思考战略。"想做"部分最核心的是公司想做的必须跟用户需求的达成一致。

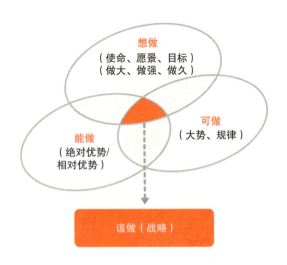

图 5-2　战略选择工具——三位一体图

公司战略做到最后，总是会想客户需要什么，我们做的事情到底为客户创造了什么样的价值，改变了什么样的既定现状，解决了客户的什么问题。想想我们这些年走过的风口，所谓的商业模式很多，但真正能解决客户问题、为客户创造价值的却很少。很多CEO都会跟我说他想把企业做成什么样，我通常会问他："你的客户想要的是什么？你想做的和客户有关系吗？"这就是想做的本质。

比如，前文提到的亚马逊的增长飞轮，就源自它的使命、愿景和客户价值。"地球上最以客户为中心的公司"，这是亚马逊想做的。于是基于客户价值，驱动亚马逊产生了"无限选择""最低价格""快速配送"三大增长战略。围绕"无限选择"，进一步产生了品类选择的策略和目标；围绕"最低价格"，进一步产生了低成本结构和定价策略；围绕"快速配送"，进一步产生了仓储和物流的基础设施建设。

第二个圈是"可做"，你想做的事情到底可不可做？我们要通过两个维度来判断。

一个维度是人性的需求，大到战略规划，小到价格的制定，都是基于人性的需求（见图 5-3）。

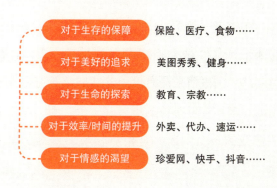

图 5-3　企业可做的业务来自人性的需求

我们发现好的战略定位，往往都是基于人性的真实需求，而不是伪需求，这是可做的本质。

另一个维度是基于商业发展的大趋势，从商业发展的趋势和规律来判断是否可做。比如：

- 是否符合历史进程？这是一个夕阳产业，还是一个朝阳产业？
- 是否符合行业趋势？这个行业是在增长还是在萎缩？
- 是否符合国家政策？是鼓励还是控制？
- 是否符合经济预期？是消费升级还是降级？
- 是否符合技术发展？技术的创新是否会给你的行业带来颠覆式的变革？

因此，无论是从人性的需求还是商业的趋势出发，我们要判断的都是这个行业未来10年到底可做不可做，在这个特定的时间点，什么事情是最有价值的，并且既符合人性又顺应商业的变化。这其实是对市场机会的一个判断，对未来这个行业可能的演变的一个判断，是相对客观的，不是你主观希望怎样。

第三个圈是"能做"，指的是你自己的能力圈和优势圈，也就是说你的能力和优势到底能支撑什么样的发展，包括绝对优势和相对优势两个维度。

- **绝对优势**，简单地说就是"人无我有"。你有哪些别人没有的优势，比如独家的产品供应链、独树一帜的品牌影响力、强大的技术能力或数据能力。
- **相对优势**，可以简单概括为"人有我优，人优我特"。大家都有的，我能做得更好，或者做出不同。企业在很多时候都是在进行同质化竞争。没有绝对优势，就要寻找相对优势，做出差异化。

从这两个维度来判断，我们的战略选择是否在我们的能力圈内，能否最大化地发挥出我们的优势，以己之长，攻敌之短。这中间，通常存在能力动态培养的过程，这是不可避免的。没有一个企业在一开始就具备所有的能力，都是在发展的过程当中，逐步把能力培养起来的。这中间最大的挑战，就是一个企业的能力如何适应未来战略的发展。

"想做""可做""能做"这三个圈的交集，就是你该做的战略选择。 当你刚开始思考战略问题的时候，你的选择似乎很多，但是当你真正把这三个维度都想清楚以后，就会发现那个交集很小很小。

战略是做正确的事，而三位一体图的核心价值就是帮助你用最简单的思考路径快速找出什么是你该做的正确的事。不要小看这个工具，它看似简单，却是很多大的集团公司做战略共创的时候都会使用的工具。

我们以阿里巴巴早期的B2B公司为例，来复盘当时的战略选择是如何做出来的。

首先，在"想做"层面，阿里巴巴的使命是"让天下没有难做的生意"，这是公司想做的，那么做生意的客户想要的是什么？很简单，第一，想要订单，比如我是永康卖水龙头的，我就想要更多的出口订单。第二，想要打破信息壁垒。以前很多时候厂家做生意都是通过外贸公司，现在厂家不想通过外贸公司，想直接跟买家接触，提升交易的效率。我们将厂家想做的和客户想要的结合在一起，发现需要一个信息透明的交易平台，帮助做生意的厂家获得更多的订单。

其次，在"可做"层面，站在当时的视角，从六个维度可以快速做出判断（见图5-4），外贸行业快速崛起，客户对订单获取日渐强烈，经济全球化是大趋势，同时互联网技术的发展也在推动行业发展。

最后，在"能做"层面，公司当时就是to B的（面向企业客户），而且已经积累了一定的外贸互联网经验和部分外贸

第5章 酵母天地图：企业打天下的营运系统

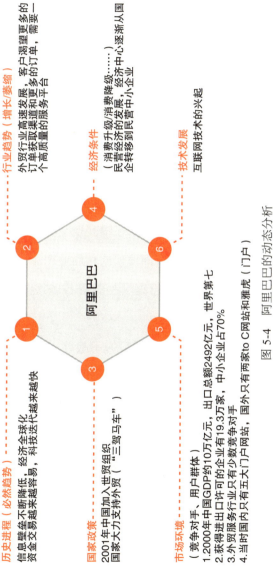

历史进程（必然趋势）
信息壁垒不断降低，经济全球化，资金交易越来越容易，科技迭代越来越快

国家政策
2001年中国加入世贸组织，国家大力支持外贸（"三驾马车"）

市场环境
（竞争对手、用户群体）
1. 2000年中国GDP约10万亿元，出口总额2492亿元，世界第七
2. 获得进出口许可的企业有19.3万家，中小企业占70%
3. 外贸服务行业只有少数竞争对手
4. 当时国内只有五大门户网站，国外只有两家to C网站和雅虎（门户）

行业趋势（增长萎缩）
外贸行业高速发展，客户渴望更多的订单获取渠道和更多的订单，需要一个高质量的服务平台

经济条件
（消费升级/消费降级……）
民营经济的发展，经济中心逐渐从国企转移到民营中小企业

技术发展
互联网技术的兴起

图 5-4　阿里巴巴的动态分析

用户，当时的外贸客户都是去线下的广交会，我们的差异化在于做的是线上的广交会。

通过想做－可做－能做的分析，我们找出了三个圈的交集——坚定地选择做B2B的外贸信息平台，战略落地到产品上，就有了阿里巴巴的第一款商业产品——"中国供应商"。

总结而言，战略与使命、愿景是一脉相承的关系，战略的源点基于企业的使命、愿景和客户价值，然后去做外部研究（可做）和内部分析（能做），在中间找交集，找到足够宽的赛道。基于战略选择，设计商业模式和商业产品，要足够专注和聚焦，把生产、制造、营销、品牌等各条线的效率发挥到极致。

公司的战略之下是各个部门的子战略，集团战略之下也会有不同子公司的子战略。每个部门和业务板块在公司战略中的发展是不均衡的，定位和价值也不一样，正如前文提到的"达摩五指"一样。子战略要向上承接集团的战略，并根据业务板块的定位形成差异化的子战略，有的成熟业务为今天，侧重于现金流；有的新业务刚起步，侧重于市场开拓和用户覆盖；有的新业务为明天，着重关注技术创新和变革。

营运目标

战略和子战略确定之后,就会形成我们的营运目标,比如今年销售目标是多少、利润是多少、新增用户数是多少、续签率是多少、SKU(库存量单位)品类增加多少,这些都叫具体的营运目标。营运目标一般由战略拆解而来,目标一般管一年,理想是远大的,但是我们要活在今天,所以必须有脚踏实地的年度目标。

营运目标是业务系统中承上启下的重要连接点,它向上承接战略,向下开启落地,是战略落地的第一步。因为战略没有数字,只是方向,所以如果营运目标不清晰,那么战略就无法落地形成具体的计划和方案,也就成了空想。

目标落地执行体系

目标制定出来后要落地执行并拿到结果,需要两套体系予以保障。

一是业务追踪体系,最重要的是建立业务仪表盘以监控业务进展状况,通过Review(复盘)机制持续跟踪业务过程中的细节,并对团队加以辅导,辅导内容包括业务人员的心态、业务人员的工作习惯、业务流程的执行、业务人员的技能、业务工具的使用,等等。

二是业务中台体系，即目标落地时前中后台的相互协同保障，业务伙伴在前线打仗的时候，中台需要源源不断地提供支持和保障，比如数据分析、市场宣传、营销资料，等等。

综上所述，业务系统有以下两个关键点。

第一，**业务要一竿子插到底**，也就是说从使命、愿景开始导出企业的战略，战略分解到各业务板块子战略，再拆解出一年的营运目标，最后为保障战略落地和目标执行，必须要有业务追踪系统和业务中台系统，从上至下一脉相承，一竿子插到底。如果业务插不到底，抓得不够细，那么目标定出来就结束了。**没有过程的追踪和中台的保障，战略往往无法落地，目标自然也无法实现。**

第二，**兼顾长期和短期，避免现在和未来的断裂**。愿景管十年，是长期目标；战略管三年，是中期目标；营运目标管一年，是短期目标。管理者既要仰望星空，有长期的视野和布局，也要脚踏实地，能踏踏实实地完成每个阶段目标。

企业的业务系统通常是显性的，战略、目标、数据很容易看得见，但由业务衍生出的组织保障系统，是一家企业的内核，就好比电脑的 CPU，隐藏在内部并支撑着整个公司。

接下来我们就来认识一下组织保障系统。

组织保障系统

- 为什么中后台对前线业务的支持总是不够？
- 为什么业务战略变化的时候组织架构都要调整？
- 为什么我们总是招不到想要的人？
- 为什么投入那么多做培训，却总是效果甚微？
- 为什么花了那么多钱做激励，最后效果总是不尽如人意？

当企业的组织保障系统滞后，上述各种与组织保障相关的问题就会层层浮现出来。为避免这类问题的发生，我们必须从深入了解组织保障系统入手。

组织保障系统由业务营运系统派生而来，由腰部的组织架构、核心人才盘点和腿部的人力资源体系构成。

组织架构

组织架构，通俗的说法，就是排兵布阵。我们知道，古代打仗时都要先确立战略，比如是先攻打某个山头，还是直接去攻打城池？接下来，要确定采取什么样的策略去攻打目的地，比如是乘船去，还是骑马去？是侧面包抄，还是正面进攻？这是方法策略。

战略和策略确定后，接下来就要排兵布阵了。要打这场战役，你要确定选谁当元帅，选谁当将军，前锋是谁，后勤是谁，大家要怎样分工。

战略决定你要做什么、不做什么，而组织架构设计则决定了哪些角色是执行战略的关键人物。

真正好的组织架构，是根据公司业务的战略规划设计的，且在业务战略进行调整的同时，组织架构相应地也会随之变化。**战略变，架构调**。正如美国著名的管理学家艾尔弗雷德·D. 钱德勒研究的那样，企业战略决定组织结构的设计和选择，战略实施效果又受组织结构的制约。

而如何合理地设计和调整组织架构，建立分工合理、协作关系明确的组织模式，并使组织的分工合作体系能始终适应业务的发展，是一个企业保证不同时期的目标都能得以实现所要解决的基本问题。

所以我们会发现，很多好的企业至少每隔一年就会调整一次组织架构。比如小米，一年内甚至要调整五六次组织架构，为什么？铁打的营盘流水的兵，如果组织架构始终保持不变，那就说明企业的业务静止了，企业不再向前发展了。只要业务在增长、在变化，组织架构就一定要做相应的调整。

2018 年，腾讯在原有的组织架构基础上，新增了两个事业群，分别是云与智慧产业事业群（CSIG）、平台与内容事业群（PCG）。这种组织架构的调整，实际上是源于腾讯业务逻辑的变化。当时的腾讯想要在云技术和 to B 业务上有所建树，于是才把原有的社交网络事业群（SNG）、移动互联网事业群（MIG）、网络媒体事业群（OMG）等业务打散之后重新整合成了两个新的事业群，来支撑新业务的发展。

腾讯的组织架构调整，也充分说明了企业的组织架构要跟随业务的变化而变化。

正如彼得·德鲁克在《21 世纪的管理挑战》中所说的："没有唯一正确的组织结构，只有普遍适用的组织原则！"组织结构千变万化，但掌握了组织设计的基本原则，就可以根据战略及业务的需要，从容地设计及优化企业的组织形式。

核心人才盘点

当组织架构进行调整时，核心岗位会随之发生变化，人才也会相应地流动，此时人才盘点就是最重要的工具。人才是企业最重要的核心资产，企业需要不定期地对核心人才进行盘点和调整，把合适的人放在合适的位置上，让人才流动起来，我称之为"盘活水"。

人才盘点应当基于岗位的胜任力来展开。什么是胜任力？简单来说就是做好某个岗位所需要的能力，以及未来适应新战略的发展潜力，50%是现在需要的业务能力，50%是未来战略所需要的发展潜力。容易忽略的是随未来战略变化而产生的能力的变化，所以你在盘点组织架构里核心岗位上人员能力的时候，一定要洞察未来三年这个岗位所需的能力会发生哪些变化。

比如，原来企业的主营业务是通过线下渠道经销商开展的，营销团队的核心能力是管理经销商的能力，现在要转型做在线业务，整个业务流都会发生变化，营销方式变成了在线营销，这时候营销团队的核心能力就变成了在线运营的能力，需要做流量运营、内容运营、用户运营、社群运营，岗位所需的核心能力发生了巨大的变化。这时我们就需要基于这些能力来对现有人才进行盘点，搞清楚哪些人适合做新业务，哪些能力缺失，需要通过外部招聘或内部培养来补充。

人才盘点是企业人才梯队建设的关键环节，一定要关注业务发展的趋势和未来人才的布局，在招募和盘点人才时要考察岗位胜任力的变化以及人才的发展潜力，而不是只看到当下。

以华为为例，当大部分企业还在关注今天该招什么样的人，该怎样培训这些人使其快速上岗时，华为就已经在规划10年后的事情了。比如在2019年，华为的一则招聘消息就登上了新闻头条，这则消息就是华为的"天才少年计划"。华为宣称，从2020年起，华为将从世界各地招募200～300名天才少年。对此，华为的说法是："华为未来要托着这个世界向前走，自己创造标准。只有做成世界最先进，那我们就是标准，别人就会向我们靠拢。"也正因为这样时刻放眼于未来，华为才有了今天的成绩，并且敢于迎接未来的挑战。

阿里巴巴也很注重企业未来的人才战略，自从提出要打造"世界第五大经济体"的目标后，在全面拥抱"五新"（新零售、新金融、新制造、新技术、新能源）的战略背景下，阿里巴巴对人才就有了全新的布局，其中有一条就是：阿里巴巴必须向前看5～10年去布局人才储备，而且必须是体系化的，这个体系化可以参考当前在全球范围内处于第一梯队的企业，它们的人才布局是什么样的。基于此，阿里巴巴现阶段的主要任务就是设立面向未来的人才布局和业务架构，不断优化组织结构，使组织能够与未来实现联结，更好地为企业未来的发展做铺垫、做准备。

杰克·韦尔奇曾说过:"即使人们有世界上最好的策略,如果没有合适的人去发挥它、实现它,那么这些策略恐怕也只是光开花,不结果。"**三分战略,七分执行,执行主要靠的是人。**

可见,人才盘点是组织系统中极其重要的连接点,向上承接组织架构。没有人才盘点,就根本不清楚应如何排兵布阵,应派谁去经营老业务,派谁去开拓新业务。同时,人才盘点向下又衍生出人力资源体系的各个模块。

人力资源体系

基于核心岗位的胜任力模型,对现有人才进行盘点后,我们对于公司的人才现状就有了清晰的认知,人力资源体系也随之衍生出来,HR 就可以制定精准的招聘策略、培养计划、考评计划、激励制度,等等。

1. 人才招聘:为什么总是招不到想要的人

管理者招不到合适的人,通常是因为自己想要的人才画像不清晰。这里推荐给大家一个非常重要的人才画像工具(见图 5-5)。

如图 5-5 所示,人才画像工具可分为以下五个部分。

第一,通用素质,包括职业基础素养和价值观。基层、中层和高层所需要的职业素养是不同的。

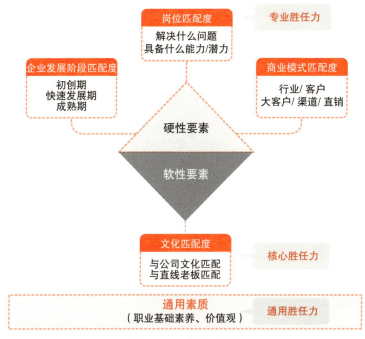

图 5-5 人才画像工具

第二，文化匹配度。这个人的文化味道与你公司的文化匹配吗？与新业务的要求匹配吗？新业务需要创新，如果他过于保守，那么肯定不行。与直线老板匹配吗？他们两个人需要相互配合，如果文化理念不合，也就无法合作。

以前在阿里巴巴招聘高管的时候，最后一个环节由"闻味官"考核，就是请公司工龄在 10 年以上的老员工去跟候选人聊，聊过以后他会反馈，他喜不喜欢和这个候选人一起工作。

闻味官在核心岗位的招聘上有一票否决权,因为文化味道不一样的人,将来很难合作得好。

第三,岗位匹配度。主要考察岗位的胜任力,即是否具备现在所需的能力和未来的潜力。很多企业选拔人才容易忽视未来的潜力。根据公司未来三年的业务方向,某个岗位需要有什么潜力的人才,这是要重点考虑的。

第四,企业发展阶段匹配度。企业在不同发展阶段对同一个岗位的要求是完全不一样的。举个例子,如果你要招聘一位销售副总,前面我们提到过,在初创期要求是最高的,要有创业精神,要有高度,要能自己下到一线跑业务,还要能手把手地带团队。

在快速成长期,我们需要建立管理体系,那招高管时核心就是判断候选人有没有体系化的能力,重点考察他是如何搭建业务管理体系和团队管理体系的。

在成熟期,我们要选拔变革的人才,就需要不断地确认候选人有没有变革的思维和能力。他有没有振兴过一项非常没落的业务,有没有成功推出过一项创新业务,有没有改变过一项传统的业务,他是如何做的……这些都是我们需要重点关注的内容。

第五,商业模式匹配度。不同的商业模式,对同一个岗位的要求是完全不一样的。同样是销售副总岗位，商业模式不一样，对人才的要求就不一样。比如，如果是大客户销售模式，就需要他在这个行业有人脉沉淀，而且这些人必须是这个行业的专家；如果是直销模式，就需要他有类似阿里巴巴"中供铁军"的管理体系；如果是渠道模式，就需要他有大量的经销商、加盟商管理经验；如果是在线营销模式，那就要重点考察他在流量获取、内容运营、用户运营方面有没有丰富的操盘经验。

综上所述，我们的招聘和选拔就建立在这五个维度之上，在实际应用中划分为三档，60分位是及格线，80分位是优秀线，100分位是卓越线，如果你要求严格，那你选拔的人才不能低于80分位。

2. 培养体系：为什么投入那么多做培训，却效果甚微

人才培养的关键在于如何有效果，如何通过培养带来绩效的提升。我们经常会发现做了很多培训但没有用，这是因为大多数时候培训的内容和人才所需要的能力不匹配。而且很多培训往往脱离工作实际，缺少真正的实践，而"理论和实践相隔一个太平洋"。**培训"没有用"，是因为培训没有"用"**。因此，人才的培养需要针对能力的短板，进行以结果为导向的管理实践训练。

真正有效果的培养可分为以下两类。

80%的共性问题通过集体培训解决。 因为这样做效率最高，可以快速解决共性问题，并且可以营造学习型组织的氛围。基于岗位胜任力，通过盘点找到人才与胜任力的差距所在，有针对性地制订培训计划。

20%的个性问题通过在岗辅导解决。 因为每个人处于不同的场景中，需要的辅导也是不同的。新入职的职场新人，技能很弱，但意愿很强，需要辅导业务技能；新晋的主管，业务能力强，管理能力弱，需要管理思维和能力的训练；明星员工容易懈怠，需要辅导的是心态，需要给他更大的舞台，让他挑战更高目标。

可见，员工在不同的能力象限和发展阶段需要的辅导是不同的。因此，管理者要因材施教，在日常工作中及时发现问题，进行场景化辅导。

当然，共性培训始终都是前提，如果没有做80%的共性培训，那管理者就会忙于"救火"，忙于点对点地解决各种问题，也就没有时间做个性化辅导。

3. 考评与激励体系

（1）为什么要对高管进行360度考评，而普通员工不需要考评体系，关键在于建立人才评估标准。对高管进行360度评估，是因为对于高管的评估要格外慎重，所谓"上梁不正下梁歪"，仅靠单一视角的评估容易以偏概全。**上级能看出能力，平级能看出胸怀，下级能看出人品**。不同层级的视角是不一样的。因此，对于高管，通过360度评估能更全面地对其进行考察。

（2）什么才是有效的激励

激励体系分为三类：短期激励、中期激励、长期激励。

短期激励，侧重于即时性的物质激励，比如奖金、提成等。

中期激励，侧重于个人成长与发展，比如晋升、培训等。

长期激励，有两个层面：精神层面和物质层面。在精神层面，公司的文化氛围和独特的价值主张是长久保留员工的根本。比如前文提到过，奈飞提倡让员工永远与优秀者同行，始终招聘各领域最优秀的人才，这就是奈飞独特的价值主张。在物质层面，是通过长期的回报把公司的长期发展和员工利益绑定起来，比如通过股权激励的方式。

激励的原则是公平、公正、开放、透明，要根据企业的发展阶段和员工的诉求，长中短期激励相结合。

4. 人力资源管理机制

管理机制是企业各项工作落地执行的保障。阿里巴巴的成功，实际上就是文化和机制的成功。如果说文化是软抓手，那机制就是硬保障。机制大体可分为三类：业务经营的制度、人力资源管理的制度和财务管理的制度。这里我重点讲一下人力资源的一些管理机制。

（1）集团合伙人机制

这个机制最重要的价值在于，保证重大事件的独立决策权。不论公司大或小，都需要有集体决策机制，共同决策公司最重要的事情，比如战略方向、重要的人事任免，以及财务和资本规划的问题。如果没有集体决策机制，很容易变成老板"一言堂"，对企业而言是有系统性风险的。

（2）干部流动机制

干部流动机制包括三个重要方面：第一，选拔年轻、优秀的管理者，**大胆选拔是最好的培养**。我们公司有个不成文的制度，每年都会选拔一个最优秀、贡献最大的90后年轻人，将其晋升为合伙人，给年轻干部更大的舞台。现在我们的几个核心部门的一把手都是90后的合伙人，他们所带的团队里优秀的年轻人也越来越多。

第二，建立能上能下、能左能右的人才流动机制。所谓能上能下，指的是在一个岗位上干得不好的人要下来，让能干的人上；所谓能左能右，指的是人才能在不同区域、不同业务线轮岗流动，正所谓"铁打的营盘流水的兵"。

企业的人才管理有个历史难题，就是上去容易下去难，岗位有序轮换也很难。这种人才的"流动性缺失"会让组织逐渐僵化，甚至产生"山头主义"。其实人才的流动性比资本的流动性更重要，只有让人才流动起来，才能实现人才的动态最优配置，从而发挥出人力资本的最大效能。

华为的人才是在全球流动的，对于任何一个岗位，华为默认的是任职时间不能超过三年。经过多年的持续演进，现在华为的人才轮岗机制已经实现了常态化、制度化的运行。这是华为能做到人才能上能下、能左能右、有序轮换的保障。

第三，建立人才容错机制，以鼓励创新。创新业务本来就有很多的不确定性，只依靠过往固有的经验很难走出一条创新之路，如果没有容错的制度，对人才没有保护的措施，那就没有人会去干创新业务了。

（3）接班人机制

接班人机制是企业基业长青的基本保障，前文我们详细讲过 IBM 的"长板凳计划",这里便不再赘述。还有老干部的发展机制、新干部的融入机制等,都是人才管理的重要机制。

关于组织保障系统,有一个重要的观点需要再次强调一下。从天地图(图 5-1)中也可以发现,人力资源工作从来都不是孤立存在的,而是由业务衍生出来的。不从业务出发的人力资源工作,做了也是白做。这也是为什么我一直坚持认为,CEO 和业务老大才是人力资源工作的第一责任人。同样,人力资源工作必须贴近业务,只有这样才能彻底避免事与人的断裂。我预测**未来所有的 HR 都会往业务导向去转型,否则根本干不好人力资源工作**。

此外,企业的财务系统也至关重要,它也是由业务衍生出来的。

财务最核心的价值有两条:"**加油门**"和"**踩刹车**"。根据业务发展的情况,你要能够判断什么时候应该"加油门"——助力业务,什么时候必须"踩刹车"——防控风险,这是一个财务老大非常优秀的品质。这部分内容不是本书的重点,这里也就不再展开叙述。

天地图的三层逻辑

最后,我们来对天地图做个总结,天地图作为企业的营运系统是一个相互连接的有机整体,头、腰、腿环环相扣,牵一发而动全身,不能头痛医头,脚痛医脚。这里面有三层核心逻辑,具体如下。

第一,头、腰、腿的派生与相互制约

头、腰、腿一脉相承,一生二,二生三,三生万物。使命、愿景生出业务战略,战略推导出目标,建立目标落地的保障体系,全都是一脉相承的;同样,业务派生出人力资源工作,脱离业务的人力资源工作是无效的,而人力资源工作反过来也制约着业务的发展,缺少有能力的人,战略制定不出来,目标也实现不了。因此,业务和人力资源之间是不可分割的。在天地图中,业务、组织、财务&资本并不是孤立存在的,而是彼此紧密相连的一个有机整体,牵一发而动全身。因此,在解决企业的某个问题时,不能只片面地从局部看问题,而应该从全局追根溯源,探究问题的本质。

举个例子,我曾经接手过一家客户,老板来找我的时候很委屈,说去年拿出几亿元的利润作为奖金发给员工,结果大

家还是不满意，今年的绩效考核方案不知道该怎么做。我调研后发现，根本原因在于目标不清晰，分配不均匀，员工不知道自己做得好还是不好，也不知道分配的原则是什么。为什么目标不清晰，绩效做不出来？因为战略不清晰。为什么战略不清晰？因为使命、愿景不清晰。所以我们只能从头来过，从使命、愿景到战略，到营运目标，再到团队和个人的目标逐层拆解，最后再去定绩效考核方案（见图5-6）。有没有发现，如果不从业务出发，很多时候虽然人力资源部门做了很多工作，但真正能帮助到业务的却很有限。

第二，双轮驱动

这套系统的高效运转，驱动力来自两个方向，一是自上而下的使命、愿景驱动，二是自下而上的用户驱动，共同推动企业的发展和进化，我称之为"双轮驱动"。

使命、愿景驱动，在第1章中我们详细讲过亚马逊的案例，这里不再赘述。用户驱动，则包括外部客户和内部员工驱动。实现外部客户价值是企业存在的意义，客户新的需求会促使企业创新，开拓新的业务，从而改变企业的战略和经营目标，进而倒逼企业去调整自己的愿景和文化价值观。这是一条自下而上的驱动路径。

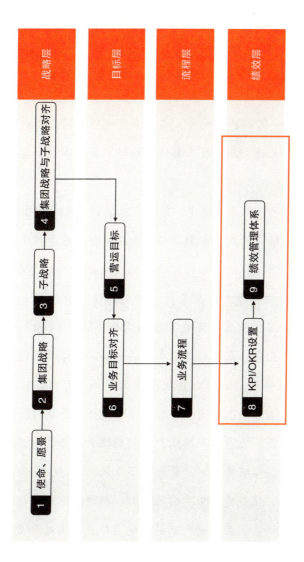

图 5-6 绩效体系从何而来

小米早期就是典型的用户驱动。雷军曾说,小米是全球第一款由用户设计的手机。小米成立四年,已在内部完整地建立了一套依靠用户反馈来改进产品的系统。公司通过MIUI(米柚)论坛实现了同用户的实时零距离线上接触,用户所反馈的意见可以第一时间获得响应,员工表现也可以通过用户的反馈得到反映。也就是说,员工表现得好坏不是领导说了算,而是用户说了算。

在小米的MIUI系统中,很多产品的改进都是通过论坛展开的,很多核心用户甚至都清楚地知道电话功能是哪个工程师设计的,短信功能又是谁设计的。用户还会跟产品经理、团队在论坛上讨论自己到底想要什么功能,这个功能怎么实现更好,然后由用户投票决定是否增加这个功能。"米粉"们有了参与感和存在感,自己的声音在产品中获得了体现,因此成了更加忠实的粉丝,继而自愿把小米的产品"推销"给身边的人。比如,小米的很多用户都曾经参与过小米手机的骚扰电话拦截功能反馈。之前这个功能只能识别拨打过来的电话是否属于推销、诈骗等骚扰电话,曾经被多少人标记过,但至于是拒接还是接听,还是需要用户自己操作。根据用户的反馈,小米很快做出了调整,在更新之后的系统当中,将来电拦截功能修改成了预先标记、直接拦截。

同样，内部员工的诉求，也是组织保障系统迭代的底层动力。员工需要成长和发展，需要丰厚的收入，需要长期的激励，需要良好的文化氛围，这些也会倒逼企业不断优化架构、调整机制，从而推动企业不断进化。

第三，关键连接点

仔细观察天地图，你会发现三大系统在腰部和腿部之间，分别有一个连接点，它们起到的是承上启下的连接作用。

比如，业务营运系统里的营运目标，就是重要的连接点。科学地制定和分解目标，是企业战略落地的第一步，它有效地连接着战略和落地，扮演着桥梁的角色。目标不清晰，战略落地时必然会跑偏。

再比如，组织保障系统里的核心人才盘点，也是承上启下的重要连接点。没有定期的核心人才盘点，再好的架构设置和排兵布阵，也无人可派；而核心人才盘点的结果，是腿部的人力资源招聘、培养、考核、激励等工作的重要依据。

至此，如果你已经按照天地图的逻辑从头到腰到腿依次建立了企业的业务、组织和财务三大支柱，那么你就有了一套完整的可以帮助你打天下的企业营运系统。在这张图里，个人和组织、事和人、局部和整体、现在和未来都是有机连接在一起的，能够有效地避免断裂。它可以帮助你在初创期生存下来，在快速成长期的混乱中搭建稳定的体系，在成熟期成功地变革转型，重获新生。

最后，我们再来思考以下几个问题，这些也是我日常被问及最多的问题：

"为什么阿里巴巴的'政委体系'在我公司就建不起来？"

"为什么文化价值观考核在我公司里总是推不下去？"

"阿里巴巴最近拆中台了，我到底该建中台还是拆中台？"

……

如果你理解了天地图整套系统的逻辑，那么相信此时你已经有了答案：

首先，每家企业都有自己的体系，所处的发展阶段和所处的场景也未必相同，直接套用其他公司的体系无异于刻舟求剑。

其次，组织系统不是孤立的，而是由业务的需求派生出来的。由于业务的场景不同，简单地照搬照抄将某一个模块复制到自己的企业中是很难成功的，很容易"水土不服"。

因此，我们要学习这套系统背后的逻辑，然后根据自己企业的实际情况，从头、腰、腿一步步设计属于自己的营运系统。

敲黑板

- 根据自己企业的独特性,建立属于自己企业的营运系统,切忌照搬照抄。

第 6 章

愿有多大，路有多长

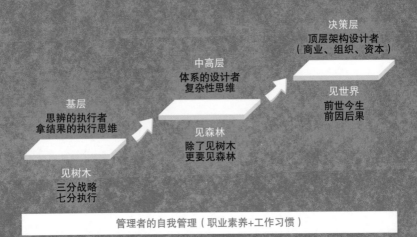

管理者的三层阶梯

领袖与管理者

你是领袖还是管理者

优秀管理者的自我管理

管理者的三层阶梯

个人职业发展

扣动你的心灵扳机

猴子爬树理论

每日精进的秘诀

愿有多大，路有多长

> **开篇思考**
>
> 领袖与管理者的区别是什么？
> 如何成为一名优秀的管理者？
> 如何在职业生涯中持续精进？

组织能力优先于业务能力，个人领导力优先于组织能力。

前面几章我们讲了企业如何打天下，如何做好组织建设，但组织的载体始终都是个人，再好的战略、再好的管理方法，如果组织内的个人不愿意执行，或者没有能力执行，也只能是空中楼阁，无法成功落地。就像业务战略的成功实施需要组织和财务的支撑一样，组织能力的提升，也离不开组织内部个人发展的支持。

因此，最后一章我们有必要将注意力聚焦到企业中的个体身上，讲一讲我们每个人的发展。

本章将分为两个部分来阐述，第一小节我们重点探讨企业中领袖与管理者的区别、一个优秀管理者的画像，以及成为优秀管理者需要具备哪些能力；第二小节我们重点探讨每一位职场人在整个职业发展的生命周期中,如何扣动心灵扳机,会经历哪些发展阶段,以及在不同阶段如何让自己持续精进。

领袖与管理者

你是领袖还是管理者

我们首先来探讨一下企业中优秀的领导者应该是什么样子的,领导者分为两类:一类是领袖,一类是管理者。我们不妨先做个小测试,来看看你在企业中的角色更像领袖还是更像管理者。

- 你会经常思考和谋划公司三年以后的样子吗?
- 你擅长为公司寻找新的机会和方向,并且让团队为之振奋吗?
- 你愿意力排众议做一些打破常规的创新或冒险的尝试吗?

如果你的答案都是肯定的,那你身上很可能有着领袖的潜质。

美国前总统理查德·尼克松在他的《领袖们》一书中就指出:"管理者考虑的是今天和明天,领袖必须考虑后天。管代表一个过程,领袖代表历史的方向。"

哈佛商学院教授约翰·科特曾经做过一个关于领袖和管理者的研究,他清晰地指出了两者的区别(见表6-1)。

表 6-1 领袖与管理者的区别

领袖	管理者
指明方向	计划和做预算
激发和鼓励	控制和解决问题
长期	短期
联盟支持者	组织和人选
打乱秩序	创造秩序
冒险	排除风险

资料来源:https://wenku.baidu.com/view/bd05653e5afafab069dc5022aaea998fcc22403a.html。

研究发现,在企业中,领袖最重要的职责是关注长期,为企业发展指明方向,做正确的事;而管理者则负责实现目标,提高效率,执行并落地各种计划,正确地做事。两者有着天壤之别。**最怕的事情就是一家企业在领袖位置上的人却按照管理者的思维去做事,那这家企业是很难有长期发展的,反之亦然。**

如果你了解亚马逊,一定听说过亚马逊永远为客户准备一张空椅子的故事。亚马逊的创始人贝佐斯每次在召开高管会议时,都坚持在会场放置一把空椅子,并且告诉所有人,这张椅子上坐着亚马逊"非常重要的与会者",也就是客户。贝佐斯这样做其实是告诉亚马逊的高管们,不管大家做什么决策,都不能忘记企业的第一原则,即为客户创造价值。因为客户才是企业保持长久发展的关键所在,忽略了客户的需求,企业在短期内可能会获益,但很难获得长期价值。像这些如何成就客户、企业如何获得长期发展等问题,就是领袖所关注的问题。而相对来说,管理者更关注的是企业的短期利益,比如今年的业绩目标能不能完成,如何去完成,有什么方法和计划,需要多少资源和预算,等等。

关明生先生在他的《关乎天下》一书中,也提到过一个关于领袖的特别形象的例子:

> 一位女企业家与丈夫共同打理家族生意,主营业务是做欧洲名牌皮包的代加工,在他们的精心经营下,生意很红火,有稳定的客户订单。有一天,这位女企业家忽然问道:"难道三年后我们仍做代加工的生意吗?"

这是一个最有智慧、最反映领袖能力的问题。这个问题看似非紧急,却是关乎全工厂发展前景的关键。居安思危、指明方向,正是企业领袖最核心的职责。

曾经有人问关明生先生,他与创始人在阿里巴巴的分工有什么不同？他打了个比方，说："**在公司里，创始人是'阿里爸爸'，是企业领袖，负责阿里明天的方向；而我是'阿里妈妈'，也就是管理者，负责阿里今天该做哪些事。**"

可见，企业中领袖与管理者各有分工，缺一不可，两者紧密配合，企业才能既有远方，又活在当下。接下来，我们来看看作为一名优秀的管理者应该是什么样的。

优秀管理者的自我管理

关于管理者的能力有非常多的研究模型，我认为从本质来说，一名优秀的管理者至少应该具备三种能力：业务管理能力、团队管理能力和自我管理能力（见图 6-1）。

图 6-1 优秀管理者需要具备的三种能力

业务管理能力：用体系化的方式管好业务，建立业务管理的体系。

团队管理能力：建立团队管理体系，通过团队拿到结果。

自我管理能力：包括管理者的思维认知、职业素养、工作习惯，也就是说管理者首先要管好自己。这是最难的，也是最底层的。所谓"一屋不扫，何以扫天下"，说的就是这个道理。

业务管理和团队管理在前面的章节里已经介绍过，这里我想重点探讨下自我管理。我把管理者的自我管理分为三个层面：思维层、素养层和习惯层。

1. 思维层：做好管理所应具备的思维能力

（1）营销思维是管理者的底层思维

- 为什么你的工作总是得不到认同？
- 为什么跟业务部门协同时总是配合不好？

出现上述这两个问题的根本原因就在于管理者缺乏营销思维。如果管理者不具备营销思维，很多事情是做不好的。通过下面的案例，我来解读一下什么是营销思维。

我在阿里巴巴的第一份工作是电话销售，后来被调到集团人力资源部门转型做组织发展，再后来离开阿里巴巴做投后管理和投资，现在创业做企业服务，一路走来经历过许多的岗位和角色，也接触过形形色色的老板和管理者。我发现每一位优秀的管理者，无论他做没做过销售，都具备非常强大的营销思维。所谓营销思维，指的是客户导向和结果导向的思维。任何一个工作岗位和人生角色，在本质上都是在重复着营销思维的这个闭环，**客户需求—提供服务—解决问题—塑造价值—获得认同**。

每一位优秀的管理者，无论是企业老板、人力资源管理者、销售部门管理者或是产品和技术部门的管理者，从根本上都需要从自己的客户出发，通过解决客户的问题塑造价值，从而获得认同。区别之处无非是不同的管理者面对的客户不同，提供的服务和塑造的价值不同而已。

比如一位企业老板，他的客户是谁？他每天除了要考虑外部客户的需求，以及能为客户创造什么价值之外，还要思考内部客户即公司的员工有什么诉求，如何能帮助他们解决问题以及成长发展，从而获得员工的认同。

比如一位技术部门的管理者，他也必须有营销思维，不仅要考虑外部客户有什么需求，该如何通过技术实现，还要考虑业务部门对技术有什么诉求，如何能帮助业务部门解决问题，以及本部门员工有什么诉求，如何能激励他们，等等。

我曾经参加过一家公司的周会，这家公司的业务流很简单，运营部门通过优质的内容吸引目标用户，形成销售线索，销售部门负责跟进和销售产品，因此运营和销售是两个核心业务部门。在会议上，运营部门的负责人详细汇报了近期的运营数据，从各大平台新增用户数到用户活跃度分析，足足讲了十几分钟，但销售部门的人听得不明所以，昏昏欲睡。会后运营部门负责人跟我抱怨与销售部门的配合不是很好，于是我们有了下面的对话。

我："如果说销售部门是你的内部客户，他们的诉求是什么？他们最关心和最苦恼的问题是什么？"

运营部门负责人："他们想要精准的销售线索，越多越好。"

我："那你的工作中有哪些跟他们的这些诉求有关，你能做什么可以帮助他们解决这些问题？"

运营部门负责人："我们通过用户分层的分析，可以有效地筛选出高意向的用户以及对这些用户的跟进策略。"

我："没错，所以你应该用销售部门听得懂的语言，讲他们关心的事情。"

说到这里，他突然就明白了该如何跟销售部门沟通。这就是我所说的营销思维。

有调查显示，世界 500 强企业中有很大一部分企业的 CEO 都来自与营销相关的岗位。比如，苹果的 CEO 蒂姆·库克，加入苹果之前他曾在 IBM 供职 12 年，负责 PC 部门在北美和拉美的制造和分销运作；甲骨文公司的创始人拉里·埃里森，在创办甲骨文公司之前也曾从事过市场与营销的工作；等等。

可见，营销思维对于每一位管理者来说都是至关重要的。我之所以把它定义为底层思维，是因为它是一种基础的、必备的思维能力，决定着你是否能成为一名合格的管理者。那又是什么决定着你的管理水平和高度？是管理者的结构化思维。

没有营销思维，你干不好任何一件事情，但想把任何一件事情干到最好，你还必须有结构化思维。

（2）结构化思维是管理者的顶层思维

- 为什么管理者换个行业就拿不到结果？
- 为什么管理者换个公司就拿不到结果？
- 为什么管理者换条业务线就拿不到结果？
- 为什么管理者换个岗位就拿不到结果？
- 为什么大厂出来的核心骨干到创业公司，往往拿不到结果？

这些问题多源于结构化思维的缺失。

那么，什么是结构化思维？

结构化思维是一种系统思考能力，是从整体到局部的逻辑思维，是抓住事物本质和总结规律的能力。

结构化思维是我们处理复杂事务和信息的利器，能帮助我们跨越不同的行业领域和不同的岗位层级，管理者想要向更高层级发展就必须具备结构化思维。因此，我将其称为管理者的顶层思维。为什么有的管理者换一个行业或者换一项新业务，就做不出成绩？因为他没有形成自己结构化的知识体系，有的都是碎片化的经验，而碎片化的经验是很难复用到另一个行业和领域的。因此，你的管理水平能达到多高，你能做到多高的管理职位，最终起决定作用的是你的结构化思维能力。

举个例子，假如你要招聘一位销售总监，有两名候选人，你问了他们同一个问题："你之前是如何做销售团队管理的？"

A候选人："我会去拜访一些客户，看看客户对我们产品的意见，根据客户的意见调整策略，同时也会做市场活动，多开拓一些客户资源。当然，与优质的渠道合作也是常用的方法。另外，我会让团队中业绩好的销售人员分享成功的经验，提高销售人员的能力，必要时我也会帮他们签一些单子……"

B候选人："影响业绩的关键因素有五个，我通常会从这五个方面入手。

"第一，团队状态。销售团队的状态是第一位的，同样一支团队，状态好和状态不好完全是两种样子，状态不好的团队再好的流程和方法都没用。我会先从调整状态开始，通过PK（竞争）激发团队的斗志，带团队打一场胜仗。

"第二，工作习惯。好的销售团队应该有好的工作习惯，每天早上做什么，晚上做什么，每天拜访哪些客户，我都会让他们规划好。

"第三，业务流程。我会制定好业务流程，从获取销售线索，到第一次拜访，再到最后的签单和后期的服务，要求团队严格按照流程执行，并且每天抓过程量，比如客户拜访量。只有过程能带来结果。

"第四，业务技能。有了好的习惯和标准的流程，这时候就需要提升销售的技能了，如跟客户沟通的方法策略，解答客户异议的思路等。提升技能的途径有很多，我会先做共性问题的培训，然后做个性化的辅导。

"第五，业务工具。最后，好的工具能让销售人员事半功倍，我会尽可能提供便捷的工具，并且监督他们使用，比如CRM、成功客户案例，等等。"

哪位候选人更有结构化思维？A候选人显然是典型的经验导向管理者，有一定的实操经验，但都是碎片化的经验，不成体系，不确定是否能复用；B候选人则具备一定的结构化思维，他有一套自己的业务管理系统，这套系统基于过往经验的共性总结，并且可以复用在大多数的业务场景中。思维决定结果，思维层面的不同必然带来不同的结果。

关于结构化思维，有很多研究，最广为流传的是芭芭拉·明托的《金字塔原理》，感兴趣的朋友可以找来深入研究，我就不在本书中展开了。

营销思维和结构化思维是对我职业生涯影响最大的两种思维，我从销售到HR，再到后来创业，这两种思维都对我帮助巨大。

探讨了管理者的思维能力，我们再来看看管理者应该具备哪些管理素养。

2. 素养层：管理者必须具备的素质与认知

管理者的第一个基本素养就是以身作则，所谓"以身作则胜千言"。比如说，我们要求团队每天上午8点半开早会，如果你作为管理者8:45才进办公室，那么团队对你就不会产生信任感。信任感是怎么来的？就是通过以身作则，言传身教，提升领导力，发挥榜样的作用。

作为管理者能够传承给员工的到底是什么？是方法和工具吗？你教给他们的方法和工具可能很快就过时了，甚至很快就被他们淘汰了。管理者**真正能够传承给员工的只有两条：第一是做人的标准，第二是做事情的标准**。而这些只能通过管理者以身作则去传承，你自己都做不到，就没有人会相信你。**这个时代最高的领导力是视人为人和以身作则**。己所欲，施于人；己所不欲，勿施于人，而以身作则是我们所有管理者职业素养的第一基础。

很多人都不会在一家企业工作一辈子，天下没有不散的宴席，但为什么有的员工离开公司很久了还会跟自己的前上司保持联系，每逢过年过节的时候会想到他，每次晋升的时候会想到他，每次遇到困难时也会想到他，就是因为这位上司曾经影响了他。

我人生第一次管团队的时候，带了15名员工，在此之前，我刚刚从大学老师转型到阿里巴巴做销售，对管理一无所知，完全不知道怎么管团队。结果不出所料，当时我的团队业绩很惨，一个半月没有出一单，然后我团队的15个人就给我的老板写了封信，联名上书要求换掉我。我当时的老板倪亮就找我谈话,他说:"有人反馈你做得不好,我认为是我的责任,因为我没有辅导你。所以,第一,从明天开始你每天早上拿笔记本过来,写清楚今天要做什么事情,为什么要做,打算怎么做,我来辅导你;第二,你要养成良好的工作习惯,每天晚上把今天完成的事打钩,总结和反思今天的工作;第三,在任何场合我都会支持你。"

我当时很感动,此后的每天早上,我都会去做10分钟的汇报,他也一直坚持给我辅导。在各大场合,他每次都会说:"今天她就是你们的老板,如果你们有人反对她,请离开。"我就是这样被培养起来的,所以从那以后,我也一直用同样的方法带团队,以及辅导自己的下属。

一位好的管理者一定是个好的教育家。我们每一位管理者都应该具备传教士的精神,把我们身上做人的标准和做事情的标准传承下去。

管理者大体可以分为三个层级。

- 基层管理者:刚刚成为管理者,带一个小团队,管理刚刚入门。
- 中高层管理者:已经是一个部门的负责人或者一条独立业务线的负责人。

- 决策层管理者：包括老板和直接向老板汇报的第一层管理者。

每一层管理者他们面临的挑战和工作场景都是不同的，应该具备的管理素养也不相同，接下来我会分别做介绍，每一层挑一个最重要的素养来解读。

（1）基层管理者

角色定位：思辨的执行者

基层管理者指的是刚从一名专业人员转型过来的管理人员，管理刚刚入门。基层管理者的主要职责是根据公司或者部门的目标，实施具体的执行工作。基层管理者扮演的是执行者的角色。执行有两个层次：最基础的执行是单一的执行，简单照做；更高层次的执行是思辨的执行。什么是思辨的执行？执行中能因地制宜，举一反三。比如你是公司某个区域的城市经理，你在公司大的战略和目标下，根据当地市场用户的特点和竞争对手的情况，举一反三，思考适合自己区域的打法和策略，这就是思辨的执行。

基本素养：通过团队拿结果，通过结果培养团队

我们很多管理者都是这样懵懵懂懂走上管理道路的：以前从来没有做过管理，因为工作业绩比较好，突然公司就把你提拔成管理者了。这时候最重要的是转变角色和定位。你一定要充分明白从一个员工到一个管理者最本质的改变，是从自己亲力亲为变为带领团队拿结果。因此，学会"**通过团队拿结果，通过结果培养团队**"是基层管理者最重要的管理素养。

能被提拔为管理者的，原来多半都是自己领域的业务高手。比如一个销售冠军，最大的成就感就是拿下了多少"难啃"的客户，业绩超越了其他所有人成为第一，没有谈不下来的单子和完成不了的目标，此时你更多的是关注自己的成功。但当你成为管理者后，如果你还是这样做，就不是一个合格的管理者。我看到很多业务高手转型成为管理者之后，还是以一个业务人员的心态做事，觉得团队其他人的业务能力都不如他，看到团队谈不下来客户就自己上去谈，最后团队业绩的80%都是他一个人做的，自己累得不行，其他人还没有成长，自己也没有成就感。甚至，很多企业老板也是这样，成了公司最大的销售员，贡献了最多的业绩，而团队却没有成长。这是基层管理者常见的典型问题，根本原因在于管理者没有做管理者该做的事情，而是一个人在单干，这样的团队是极度不健康的。

因此，一旦我们坐上管理者的位置，就一定要专注于管理者该做的事情，每天思考的应该是如何调整团队的状态、如何管控业务流程、如何追踪过程指标、如何辅导团队员工等。就算眼下团队还比较稚嫩，很多关键的时候还是需要你冲上去，但你永远不能忘记，这么做是为了培养团队，而不是为了证明你比他们更牛。另外，还要学会通过结果培养员工，一个总是打败仗的团队是培养不出什么优秀员工的，我们必须不断地带领团队打胜仗，并且在帮助团队拿到结果的过程中培养员工，提升员工的能力。**培养团队最好的方式，就是从一个胜利走向下一个胜利。**

常见误区：一叶障目

基层管理者大多是一个小团队的管理者，管理的业务类型也比较单一，往往只关注自己的"一亩三分地"，管好自己这一摊子业务就好了，缺少更广的视野，我称之为"一叶障目"。这在基层管理者中是特别常见的情况，也是他们再向上发展的最大瓶颈。而一旦突破这个瓶颈，就会进入中高管理层。

（2）中高层管理者

角色定位：体系的设计者

中高层管理者，指的是独立负责某一个事业部或某一条业务线的管理者，他起着承上启下的作用，上要承接公司战略,做战略的落地拆解,下要一竿子插到底,建立流程体系,保障目标的实现。进入中高层后,管理职能开始多元化,管理者不再只负责一块单一的业务;管理半径也在扩大,比如从一个城市到省,再到大区,这时候就需要管理者完成从单一业务思维到复杂系统思维、从关注局部到关注整体的转变,成为复合型的管理人才。

比如你以前是一个区域经理,只负责一块销售业务,只要熟悉自己区域的销售业务就可以做得很好;现在你晋升为销售副总,管理全国多个区域,就要进行跨区域管理,而每个区域情况不同,没有管理体系是不行的。同时,除了销售业务,你可能还要管业务支持中台,要和产品、运营、技术等其他部门进行协同,工作的复杂程度也大大增加。因此,中高层管理者最重要的角色是体系的设计者,对于共性的问题需要通过建立管理体系和流程去解决,而不能点对点地解决,这是中高层管理者和基层管理者最大的区别所在。关于管理体系,我们在第 5 章详细探讨过业务营运体系和组织保障体系,感兴趣的朋友可以翻回去看看。

中高层管理者最常遇到的问题就是思维单一。也就是说,销售部门管理者只知道销售,品牌部门管理者只知道品牌,产品部门管理者只知道产品,不能打通。因此,进入中高层后最核心的工作就是建立复杂系统思维，建立部门的各种系统。比如说我是销售部门的负责人，就要建立整个销售部门的管理体系，包括整个跨区域的业务管理体系、业务过程的追踪体系、业务中台的支持体系、业务团队的考评体系等。

基本素养一：流动的人心，不变的人性

我为什么选这句话作为中高层管理者最重要的管理素养来解读，因为中高层管理者的核心职责是建立管理体系，设计管理制度，而这句话是制定所有管理制度的出发点。

什么是流动的人心？每个人都会变，你不要失望。每个人随着年龄的增长、阅历的丰富、职场经历的挫折增多、晋升级别越来越高、眼界越来越开阔，心里的想法都会发生改变，这就叫流动的人心。

什么是不变的人性？我经常讲人性就是硬币的两面，正面在阳光下，反面在阴暗中，所有人都有这两面，而且人性都是趋利避害的，这是永恒不变的。明白了这个道理之后，你就会知道所有制度的出发点，都是要想办法弘扬人性的闪光点，通过制度激发人性积极向善的一面，同时克制和规避人性的弱点。因此，如果你设计出了一项激励制度，所有人都说好或者所有人都觉得不好，那么这项制度一定是有问题的。好的制度一定是扶正祛邪的，让表现好的员工觉得有动力，表现差的员

工觉得有压力。

激励分正向激励和负向激励，设计激励制度一定要考虑两个方面的问题。第一，如何通过正向激励激发人性的闪光点，树立榜样。比如阿里巴巴 B2B 的小蜜蜂奖，奖励的是拜访量最高的销售人员，鼓励的是勤奋敬业；淘宝的赛马机制鼓励的是开放创新；等等。第二，负向激励往往是逆人性的，所以负向激励要设计得更有趣，既能起到激励的效果，又容易让员工接受。

举个例子，我们公司业务团队做业绩 PK 活动的时候曾经设计过一个非常有趣的规则，即这个月输了的团队要在下个月把微信头像换成小蜗牛图，意思是动作很慢，落后了，等下个月赢了才能再换回来。输了的团队原来的头像也都是非常高大上的职业照，突然换成卡通的小蜗牛图，朋友们都会来问怎么换头像了，他们只能不好意思地说业绩 PK 输了。那段时间每个团队开会时第一件事都是在说下个月坚决不做小蜗牛，一定要把头像换回来，团队状态一下子就燃起来了。看似简单的一个小设计，但有趣、有效，符合人性。

中高层管理者要懂人性，善于建立管理体系和管理制度，通过体系、流程和制度来解决共性问题，而不能再点对点地解决问题，这是和基层管理者最大的不同之处。

基本素养二：疑人要用，用人要疑

"疑人要用，用人要疑"，指的是中高层管理者用人的格局。

什么叫"疑人要用"？你要理解没有一个人是完美的，每个人都有自己的优势，也有自己的短板，不能说因为有短板，你就不用了。比如，公司需要晋升一个人，这个人能力很强，但是有瑕疵，只要不是致命的原则问题，我还是会用他，但要缩小范围使用，通过制度保障他不犯方向性错误，通过辅导改进他的不足之处。用人，都是从"疑"开始的，这个"疑"不是怀疑，而是对人才选拔慎重的态度，这是对公司负责，也是对员工负责。

什么叫"用人要疑"？它指的是在用人的过程中你不能放手不管，要手把手地扶他坐稳。比如，很多公司的高管都是空降的，我们公司也招过一个"空降兵"。他在业内非常牛，很有经验，但是最初加入我们公司时，我还是会担心他能不能顺利地落地，会扶植他。每个行业都是不同的，每个公司都有自己独特的圈子，都有自己独特的文化和业务模式，所以空降高管再牛，管理者都需要陪伴他一段时间，确保他能融入团队文化，确保他的业务方向不跑偏，帮助他度过刚进入公司后的迷茫期，在新公司里顺利地存活下来。

这就是用人要疑的道理。这个"疑"也不是怀疑的意思，就像前面讲到的我刚做管理者时的经历，当时我的老板倪亮每天早晚检查我的工作重点，这并不是他怀疑我，而是辅导我，他要保证一个新任管理者不能"折掉"。

很多老板不明白这个道理，用人的方法非常干脆，要么是有瑕疵的干脆就不用，结果错过了很多人才；要么是选拔了人才就放手不管，任由其发挥，这也是为什么空降高管和新任管理者"死亡率"都非常高的原因。

"疑人要用，用人要疑"体现的是中高层管理者用人的格局，能用有瑕疵的人，才能驾驭更大的团队。正如阿里巴巴创始人所说，**"用人不疑，疑人不用"是一种无奈，"疑人要用，用人要疑"才是境界。**

（3）决策层管理者

角色定位：顶层架构的设计者

决策层管理者是指老板和直接向老板汇报的第一层管理者。作为企业的高阶管理者，决策层管理者必须做的一项工作是企业的顶层架构设计，即商业设计（战略和商业模式）、组织设计（组织架构、人才梯队、管理机制）和资本设计（资本规划、财务风控）。因此决策层管理者不仅要懂商业，还要懂组织和资本。基层管理者见树木，能看到自己负责的业务；中高层管理者见森林，能看到整体；而决策层管理者要见世界，有外部视角，能看到商业的本质、市场的趋势，甚至全球的变化。

基本素养：具有战略眼光

什么是具有战略眼光？

这里有两层意思。第一层是会看，**"知未明，观未见"**，即知道别人还没明白的，看到别人还没看到的。眼光分两个方面，一方面是看机会，另一方面是看风险。要看到别人看不见的机会，同样要看到别人看不到的风险，机会和风险都要能看到，这是决策层管理者最重要的管理素养。绝大部分的老板都特别擅长看机会，但是常常看不到风险。

决策层是一家企业的火车头，在这个位置上的管理者，要经常抬头看路，不能只是低头赶路。 如果没有战略眼光，光有执行力，是很可怕的，很容易把整个公司带到错误的轨道上，以致全军覆没。

第二层是不但会看，还会营销，自己看到了，还要让大家对机会兴奋起来，对风险重视起来。

比如说，阿里巴巴对于集团层面 M7 以上的领导者，第一条要求就是要有整体方向上的远见与判断力。"面对未知的领域，有勇气和智慧为公司的发展方向设定一个明确而具体的定义，以及一个清晰而具有指导意义的路线图，并能提出超越数字的愿景和使命，唤起整个组织的激情。"

我归纳的未来成功决策者的画像应该是这样的：

- 拥有强烈的成功欲望；
- 拥有说干就干的特质；
- 非常善于死磕和坚持；
- 追求务实和解决问题；
- 愿意延迟满足；
- 深度学习的机器。

常见误区：四大断裂

个人梦想与组织使命的断裂：只关注公司想要什么，而忽视个人发展的需求，个人和组织之间缺少联结。

事与人的断裂：只关注业务，而忽视组织层面的建设。

局部与整体的断裂：部门子战略和集团战略无法对齐。

现在与未来的断裂：只关注短期目标，而忽视长期发展。

这四大断裂就是决策层管理者常见的一些问题和误区，在第 4 章我们已经详细探讨过，这里便不再赘述。

3. 习惯层：做好管理者必须具备的行为习惯

自我管理包含思维、素养和习惯三个层面，前面我们已经讲完了思维层和素养层，下面我们来探讨管理者的工作习惯。

（1）为什么工作习惯这么重要

管理者的工作习惯决定着一家公司的营运效率。未来10年，我们将全面进入存量市场，管理上最大的挑战就是降本增效，从粗放式管理到精细化管理，这是每个企业管理者都要走的路。而服务好中国的管理者，提升中国广大管理者的管理水平和管理效率，也是我创办创业酵母的初心。可以预见的是，未来所有的管理创新都会围绕管理效率的提升来展开，而管理效率的提升在一定程度上取决于管理者的工作习惯。我接触过很多公司的管理者，发现**一个团队效率最高的状态，往往出现在有共同的管理语言和共同的工作习惯的时候**。

假设有两位业务团队的管理者，第一位管理者业务能力很强，但习惯不好，有时候开早会，有时候不开，管理业务比较随机，有时候抓过程指标，有时候甚至不看数据；第二位管理者能力一般，但习惯很好，每天开早晚会，坚持不懈地追踪过程。你觉得哪个团队效率高？两个团队PK最后谁会胜出？几年后谁会得到晋升？我会选第二位工作习惯好的管理者，因为从长期看，有良好工作习惯的人会远远超过能力强但习惯不好的人。

（2）优秀的管理者应该具备哪些工作习惯

优秀的管理者会按照每日、每周、每月、每季度、每年的不同维度思考并养成自己的工作习惯，每个维度三件事，我称之为管理者的"三个一工程"（见图6-2）。

每日"三个一"： 过程追踪，以日为单位。每日习惯的关键在于对过程的追踪，管理者要养成每日追踪过程细节的习惯，早启动、晚总结，当天的问题即时解决，不留到明天。

每周"三个一"： 业务节奏，以周为单位。每周习惯的关键在于对业务节奏的把控，管理者要养成管控业务节奏的习惯。行业和业务模式不同，业务节奏的周期也会有所差异。以销售业务为例，月初第一周的节奏在于快速破"蛋"。我们以前有一个奖项，叫"快枪手"，就是奖励最先出单带动节奏的人；月末最后一周的节奏除了冲刺目标，还要做下个月的客户储备等，业务管理者必须善于把控业务节奏。另外，每周至少要有一次夜校的学习充电。

每月"三个一"： 业务复盘，以月为单位。每月习惯的关键在于建立业务复盘机制，看一个月下来目标有没有完成，做得好的有哪些，不好的有哪些。业务的变化很快，至少一个月

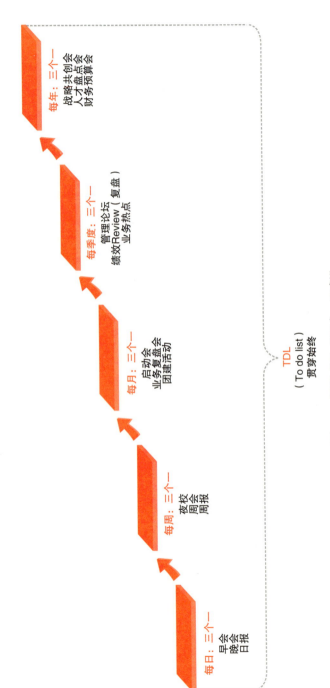

图 6-2 管理者的"三个一工程"

要复盘一次,管理者的精进多源自复盘。

每季度"三个一": 团队复盘,以季度为单位。季度习惯的关键在于绩效 Review,其中最重要的是要做团队复盘,看一个季度中团队的氛围和状态如何,新进了哪些人才,做了哪些培养的工作,效果如何。团队的变化相对慢一些,可以一个季度复盘一次。很多管理者经常复盘业务,但很少认真复盘团队。

每年"三个一": 每年一定要开三个会,首先是战略共创会,决定明年做什么,不做什么;其次是人才盘点会,根据公司明年的战略目标排兵布阵;最后是财务预算会,按照战略目标和人才规划来测算明年的财务预算,到底钱往哪里投才能出结果。

管理者的三层阶梯

综合前面的内容,我们应该能够理解管理其实分为三阶,我称之为"管理的三层阶梯"(见图 6-3)。

初阶 – 基层管理者,思辨的执行者。 每位管理者入门时都会经历这个阶段,此时我们最重要的工作是从一个人单干转变为通过团队拿结果。

中阶 – 中高层管理者,体系的设计者。 中阶强调的是体系化。当我们逐渐成长为某一个事业部或者某一条业务线的负责人时，我们就进入了管理的下一阶梯，此时我们最重要的工作是建立管理体系，系统地解决问题。

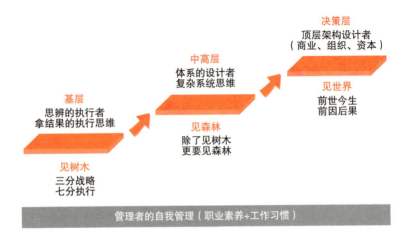

图 6-3　管理的三层阶梯

高阶－决策层管理者，企业顶层架构的设计者。如果我们能突破中阶，成长为企业的决策层，这时候我们的责任会更加重大，此时要设计公司的商业模式、组织架构和资本规划，引领公司的发展。在初阶和中阶的时候，就算做得不好，影响也有限，但在高阶时一个决策失误很有可能就让公司遭遇巨大的系统性风险。

每一层管理者的挑战和要求都不相同：初阶见树木，管好自己这摊业务就可以；中阶见森林，不仅要管好自己这摊，还要和平行部门协同，要有全局视角，要系统思考；高阶见世界，不仅有内部视角，还要有外部视角，洞察商业本质，预测行业发展，不仅要实现内部协同，还要实现外部生态跨界协同。这三层是管理者成长的必经之路，每一位管理者的成长与发展，都逃不开这个路径。

综上所述，做好管理其实既难也不难，"难"在于有这么多的事情要做，"不难"在于只要你掌握了管理的本质，具有管理的思维、素养和习惯，持之以恒地坚持做下去，一定会有结果。

讲完管理者的话题，在本书的最后我想探讨一下个人在职场中应该怎样成长和发展。

个人职业发展

- 为什么很多人始终找不到满意的工作，总是换来换去？
- 为什么很多人工作总是在混日子，当一天和尚撞一天钟？

这是大多数年轻人在职业生涯初期会感到迷茫的问题。之所以会这样，是因为他们内心的心灵扳机从没有被扣动过。那么如何扣动心灵扳机呢？

职业发展的起点：扣动你的心灵扳机

首先思考一个问题：什么是职业发展的起点？是进入职场的第一天吗？我认为不是，我们每个人真正的职业发展路径，应该是从自己的心灵扳机被扣动开始的。

什么是心灵扳机？心灵扳机是你工作的目标和原动力，是你奋斗的理由。顾名思义，一枪打到你心里，然后你心动了，你为了这个心动的目标，可以付出所有的努力。很多人在职场工作多年，始终没有清晰的目标，遇到一些困难和委屈就会选择放弃，像这样的人，无论他工作多久，都不算是走上了职业发展的道路，因为他的心灵扳机从来没有被扣动过，他不知道自己想要什么。

每一个我带过的人，我让他做的第一件事情就是找出自己的心灵扳机。我们每次沟通、每次吃饭时，都只聊这个问题：什么事情能够扣动你的心灵扳机，能够让你心动？只有扣动了心灵扳机，才算是真正走上了职业发展的道路，这是职业发展的第一步。

我的心灵扳机是刚进阿里巴巴时被我的师父关明生先生扣动的。很多人的心灵扳机无非是财富、地位、权势，但关先生跟我讲的却不一样。他第一次请我吃牛排的时候，就跟我讨

论为什么要赚钱,他是这样说的:

"赚钱是为了选择的自由,假如你有一百万(元),如果你不喜欢现在的工作,你可以重新选择;如果你有一千万(元),你可以不干活而去学习;如果你钱再多,你还可以做慈善。这就是选择的自由。如果你没有(找到自己的)心灵扳机,赚的钱对你来说只是个数字,你觉得有什么价值?

"我的心灵扳机就是为了选择的自由,你的心灵扳机是什么?"

20年了,这段话我一直记得。

那个时候我刚刚工作,关先生跟我说的这些对我影响很大。我开始明白工作的目的和价值,一旦扣动了心灵扳机,就会产生巨大的动力和能量,不会因为赚到钱了就停下来,也不会因为有房子了就停下来,因为你追求的是灵魂的自由,你想成为更好的自己。

我后来在无数次的招聘和面试中发现一个规律:那些以成为更好的自己为奋斗动力的人,是最有潜质的优秀人才。他们像永动机一样,为了成为更好的自己,会不断地努力,身体不好会锻炼身体,技能不足会主动学习,钱不够了会努力赚钱,始终向前。

职业发展心态：猴子爬树理论

- 为什么很多聪明的人，最后没有达到职业发展的高峰？
- 为什么很多起点不如你的人，最后职业发展却越来越好？

如果我们深入思考这两个问题背后的原因，不难发现一个人的职业心态影响着其职业发展的前景。

职业发展的第二步，是树立良好的职业心态。我接触过形形色色的管理者，发现决定一个人职业生涯发展高度的其实不仅仅是聪明度和专业能力，更重要的是心态。我见过太多能力超强的管理者，最后都是折在了心态上。

关于职业发展的心态，有一幅猴子爬树的图非常形象（见图 6-4）。

当我们刚刚进入职场的时候，我们在树根处；几年过去了，我们逐渐成长为管理者，爬到了树的中间；等我们自己创业做了老板，就到了树的顶端。每到一个不同的阶段，我们的心态都会发生很大的变化。

图 6-4　猴子爬树

1. 普通员工：一路向前

在树根处，向上看全是屁股，往下看一个笑脸也没有。这时候我们应该告诉自己，没有别的选择，只能一条路走到底，一路向前。这是对自己最大的负责任，这时候哪有什么选择的权利？放弃是最容易的事，但就算我们从这棵树上跳下来，换到另一棵树上，也是处在相同高度的位置，没有什么区别。职业发展中最怕的就是永远在同一个水平上努力，每次遇到困难都会选择放弃，走捷径，结果一直在原地踏步。所以，当我们在这个阶段的时候，要明白每个人都是这么走过来的，没有什么捷径，简单一点，一门心思向前冲就好了。就像当初我的师父告诉我的，"不用多想，把眼前的工作做到最好，一路往前走就可以了"。

2. 基层管理者："照镜子"

经过各种历练和磨难，我们从员工变成了管理者，角色发生了巨大的变化，很多管理者在这个阶段容易心态迷失，想要显示权威，享受管理别人的感觉，少了谦卑之心。因此，在这个阶段我们应该学会"照镜子"，保持谦逊的心态，每日三省吾身，对自己有清晰的认知，不要骄傲，也不要迷失方向。因为你分不清楚别人对你的恭维，是因为你真的好，还是权力和位置带来的"春药"。

3. 中高层管理者："揪头发"

再往上到了树的中间，以为可以缓一口气，其实这里是最辛苦的。向上看还是屁股，向下看每个人都在微笑，但都对你有所求，中间的成了"夹心饼干"。在这个阶段我们应该有的心态是"揪头发"，就是当你想不清楚的时候，向上拔高一层，把自己放在老板的位置去思考问题。

4. 老板：高处不胜寒，没有退路，带领大家找到新的业务增长点

等爬到树顶，成为一家公司的 CEO，或者自己创业当老板了，这时候我们的心态应该是怎样的？虽然往下看全是笑

脸,但其实这时候我们的压力是最大的,高处不胜寒。前面没有路了,后面一群人等着你领路,下一棵树在哪里?下一个阶段的目标是什么?因此,处在这个阶段,我们只能带领团队往前冲,不断找到新的业务增长点。

职业发展是一场长跑,这一路充满磨难,不同的阶段有不同的苦恼,心境也不一样,始终保持良好的心态,才能支撑我们在这条路上走得更远。

职业发展阶梯:每日精进的秘诀

有了良好的职业心态,你还要有职业发展的阶梯,沿着它不断精进,一个台阶一个台阶地向上走。这里面有两个话题我们来探讨一下。

1. 职业发展之路,如何精进

我认为**一个人最大的进步来自对日常工作的总结**。一个人的成长并不是一定要在课堂上,真正的修炼场其实是在每天的工作中。每天你都会遇到很多棘手的工作问题,而对你价值最大的就是解决这些问题,把本职工作做到最好。**借事修人**,在解决问题的过程中修炼自己的心态和能力;**借假修真**,在完成工作目标的过程中遇到的困难和感受到的痛苦都是假的,你通过完成目标练就的能力，以及不断总结得出的经验，对你来说才是真的，这就是精进的秘诀。

很多人花了很多时间、精力去听课学习，但回到工作岗位上，一遇到问题就想退缩，一遇到困难就想到逃避，永远在同样的问题面前止步，自然也就无法走上下一个阶梯。

2. 学习如何有效果

学习不只是指学到某个知识，真正有效的学习是一个"认知—行为—结果—思维"的螺旋式成长和发展过程（见图6-5）。

学习首先是从一个新的认知开始的，比如前文提到的招聘中的人才画像就是一个认知模型，但这只是第一步，如果这个认知不能转化为你的行为那就是无效的，因此，你要做的是立刻行动起来，在实际工作中使用人才画像帮助你进行招聘。这时你就进入了学习的第二步，行为实践。通过使用人才画像，你的招聘工作有了好的结果，工作绩效提升了，你已经成功地把理论应用到实践中并取得了成果，这时你要做的最后一步是，把你使用这个工具的心得总结出来，提炼成你自己的经验和知识体系。到这一步，算是走完了一个学习回路，我们才可以说这个工具已经是你的了，它已经融入你的思维和行为中了。然后，再有新的认知输入，以此类推。我们每个人就是在这样的学习中螺旋式成长和发展的。

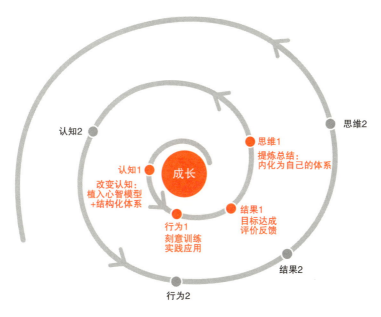

图 6-5　学习回路模型

理解了这个学习回路模型，就能明白为什么学了很多东西却没有成长，那是因为你没有"用"，大多数人只是停留在认知那一层，没有应用到实践中，没有行为的改变，而"理论和实践相隔一个太平洋"。

至此，我们已经探讨了职业发展的起点、心态和阶梯，那么职业发展的终点在哪里呢?下面我们将其作为最后一个话题来探讨一下。

职业发展的终点:愿有多大,路有多长

很多企业家问我:"我的公司到底能做到多大?"

也经常有管理者问我:"我的职业要往哪里发展,能走多远?"

每个人职业发展的终点都不一样,决定我们最终走到哪里的,是我们的愿力。你有多大的愿力,就能成就多大的事业。你的愿力若只为你自己就很小,如果你工作只是为了赚钱,那你能做的就只有这么多,赚到钱了可能就没有动力了,职业发展的道路也会随之结束;你的愿力若能为他人就很大,如果你有利他精神,工作是为了帮助身边的人,那你可以做的就很多;当你有更大的社会责任感时,你的职业发展之路就可以走得更远。

我的师父关明生先生当年送给我一句话,我非常喜欢,一直铭记在心,现在我把这句话送给大家,希望每一位职场人在自己的职业发展道路上都可以走得更长、更远:

"愿有多大,路有多长!"

组织的力量：增长的隐性曲线

策划编辑｜岳占仁　责任编辑｜华　蕾　王　芹　特约编辑｜姜成文　张　冰
封面设计｜刘　尧　营销编辑｜刘琳君　张博文